中国学生成长速读书

总策划／邢涛　主编／龚勋

奥秘世界百科全书

汕头大学出版社

奥/秘/世/界/百/科/全/书

ENCYCLOPEDIA OF MYSTERY WORLD

FOREWORD
前言

自人类产生思想以来，一扇通往科学殿堂的大门便打开了。用科学解释世界，将世界寓于科学，这是人类认识上的不断进步。远古的先哲们就把认识世界，揭示其无穷奥秘视为自己的神圣责任。但结果常是伴随着一个奥秘的解开，另一个奥秘又随之产生了。我们知道的越多，就会发现我们不知道的也越多。因为就科学整体而言，我们已知的事情是极为有限的，而我们未知的东西却永无穷尽。我们所能做的，就是坚持不懈地探索，永远保持强烈的好奇心。所以，寻求知识和探索奥秘对于我们人类来说是一件极富有意义的事。有鉴于此，我们将《奥秘世界百科全书》呈献给大家。它体例新颖，图文精彩，内容上囊括了宇宙、自然、地理、历史、人体、科技、动物、植物和悬疑九个部分的科学奥秘知识，涵盖面极广。对于致力于奥秘探索的青少年朋友们来说，这是一个生机勃勃、变幻无穷、具有无限魅力的科学世界。它将以生动的文字，缜密的思维，精彩的图片，带你畅游瑰丽多姿的奥秘世界，与你一起探索种种扑朔迷离的科学疑云。

Contents | 目录

奥秘世界百科全书

Part 1 第一章
宇宙谜团

浩瀚无垠、多彩变幻的宇宙带给我们无限的遐想，引领我们开启一次又一次的探索旅程，不断收获着快乐和新知。

- 8 宇宙起源的奥秘
- 9 银河系的外形
- 10 恒星的奥秘
- 11 长"羽毛"的太阳
- 12 地球形成之谜
- 13 地球生命的起源
- 14 地球的"孪生兄弟"
- 15 火星上有生命吗
- 16 木星大红斑的奥秘
- 17 土星的光环
- 18 诡异的水星
- 19 金星与海王星
- 20 月球是怎样形成的
- 21 穿梭星际的"长发美女"
- 22 神奇的流星雨
- 23 "天外来客"——陨石
- 24 黑洞之旅

Part 2 第二章
自然奇观

光怪陆离的大自然不断发生许多奇怪的现象。它们的成因或已被揭示，或等待着我们用不懈的努力还原自然的真相。

- 26 地震的奥秘
- 27 火山的奥秘
- 28 球状闪电的奥秘
- 29 龙卷风的奥秘
- 30 极光的奥秘
- 31 佛光的奥秘
- 32 四季更替的奥秘
- 33 雾与虹的奥秘
- 34 奇异的雪
- 35 可怕的厄尔尼诺现象
- 36 极昼极夜的奥秘
- 37 南极奇湖
- 38 海底喷泉的奥秘
- 39 海火之谜
- 40 鸣沙的奥秘

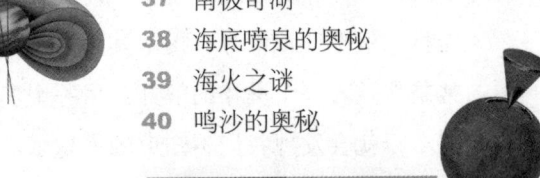

Part 3 第三章
地理之谜

人类的足迹遍布我们生存的整个地球，留下了许多令人惊叹和费解的地理发现，吸引着我们不断地探索其背后的成因。

- 42 地球的奥秘
- 43 地球磁场"翻跟头"
- 44 沧海桑田变换的奥秘
- 45 岩石形成的奥秘
- 46 神秘的千面女郎——沙漠
- 47 瀑布成因探秘
- 48 河流的奥秘
- 49 海水的来历
- 50 死海不死的奥秘
- 51 潮汐与海啸的奥秘
- 52 间歇泉的奥秘
- 53 沼泽的奥秘
- 54 百慕大"魔鬼三角"

55	奇异的湖	81	核能的奥秘
56	违背常理的地方	82	磁铁的奥秘
57	"死亡之海"——罗布泊	83	磁悬浮列车的奥秘
58	石林的奥秘	84	汽车的奥秘
59	溶洞形成的奥秘	85	船舶的奥秘
60	蛇岛的奥秘	86	坦克无敌的奥秘

Part 4 第四章
人体解密

在探索外界事物的同时，人类从未停止过对自身的解密。从起源、性别到身体构造、生理现象，探索的脚步永不停息。

87	枪械的奥秘
88	航空母舰的奥秘
89	潜艇的奥秘
90	"空中铁鸟"的奥秘
91	GPS全球定位系统的奥秘
92	机器人的奥秘

62	人类起源的奥秘
63	性别的奥秘
64	皮肤的奥秘
65	胃的奥秘
66	眼睛的奥秘
67	嗓音的奥秘
68	打嗝的奥秘
69	身高变化的奥秘
70	人体生物钟的奥秘
71	第三只眼的奥秘
72	记忆的奥秘
73	梦的奥秘
74	人寿的极限

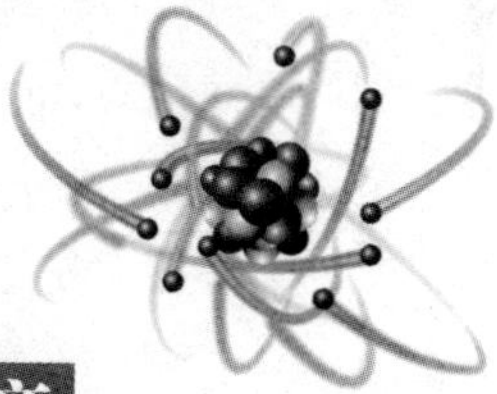

Part 6 第六章
神奇动物

作为活跃在地球上的重要成员，动物的行为、特性等成为我们研究的课题，神奇而精彩的动物世界因此展现在我们面前。

94	恐龙灭绝之谜
95	鸟的祖先之谜
96	鸟类的定向飞行之谜
97	鱼在水中生活的奥秘
98	蝴蝶的神秘迁飞
99	动物的"婚恋"奇闻
100	动物的"优生优育"
101	动物认亲之谜
102	动物的记忆力
103	动物的特异功能
104	动物的绝妙防身术
105	动物的神奇再生术
106	揭开动物休眠的奥秘
107	动物的防震高招
108	不怕寒冷的熊
109	不怕寒冷的企鹅
110	动物界里的"数学家"
111	海豚的奥秘

Part 5 第五章
科技奥秘

科技的发展引领着时代和文明的进步。走进前沿科技，用知识武装大脑，站在前人的肩膀上勇敢创新。

76	克隆技术的奥秘
77	试管婴儿的奥秘
78	基因工程的奥秘
79	纳米机器的奥秘
80	激光的奥秘

Contents | 目录

奥秘世界百科全书

112　奇异的动物"共生"

Part 7 第七章
古怪植物

看似无声的植物家族，向我们展示了它的无穷魅力：丰富的情感世界，会"出汗"的奥秘，长生不老的法宝……

114　植物的感观知觉
115　植物的情感世界
116　植物睡眠之谜
117　植物报时钟之谜
118　植物种子旅行的奥秘
119　植物也会"出汗"
120　叶子的奥秘
121　花的谜团
122　树的奥秘
123　根的奥秘
124　植物长生不老的奥秘
125　年轮的秘密
126　恐怖的食肉植物

Part 8 第八章
古文明之谜

历史是人类文明发展的见证，但一个个谜团却让遥远的古代文明变得扑朔迷离。随着探索的深入，辉煌和神秘一一展现。

128　苏美尔文明的奥秘
129　楔形文字的奥秘
130　巴比伦城的奥秘
131　亚述王国的奥秘
132　埃及金字塔是如何建造的

133　狮身人面像是谁建造的
134　埃及象形文字的奥秘
135　印度泰姬陵的奥秘
136　美洲印第安人的来源之谜
137　奥尔梅克文明的奥秘
138　玛雅文明的奥秘
139　印加帝国统治的奥秘
140　米诺斯宫殿的奥秘
141　迈锡尼文明的奥秘
142　罗马城起源的奥秘
143　印尼婆罗浮屠佛塔的奥秘
144　吴哥古城的奥秘

Part 9 第九章
未解悬疑

科技的发展和文明的进步仍不足以揭开一些未解谜题的真实面纱，它们向我们发出挑战，而我们唯有勇敢地接受。

146　大西洲失踪之谜
147　惊人的古代地图
148　古代巨石阵之谜
149　秘鲁纳斯卡地画之谜
150　复活节岛石像之谜
151　史前岩画中的特殊图案
152　图坦卡蒙猝死之谜
153　埃及艳后死亡之谜
154　"黄金国"之谜
155　秦始皇陵被毁疑案
156　千年古尸不腐之谜
157　非洲石头城之谜
158　恐怖的死亡之谷
159　UFO之谜

Part 1 宇宙谜团

[第一章]

茫茫宇宙，充满了无尽的神奇与玄妙；点点繁星，引起人们无限的遐想与憧憬。这里展现了一个多彩变幻的寰宇：银河系像一个巨大的飞碟，火星上有生命存在的痕迹，木星表面有一个巨大的红斑，土星戴着美丽而神秘的面纱，太阳长着绚丽多彩的"羽毛"，"长发美女"彗星不时光临人间，小行星可能随时撞向地球，黑洞正在吞噬它周围的一切……

宇宙起源的奥秘

宇宙是如何起源的？自古以来，这一直是人类最感兴趣和不懈探索的问题。历史上曾经出现过各种各样的神话传说，但宇宙的起源本身却是一个科学问题。20世纪以来，由于科学技术的发展，人们在对宇宙的观测中取得了越来越多的重大发现，从而逐渐建立起科学的宇宙模型。

■探索宇宙的起源

20世纪20年代，美国天文学家斯莱弗在研究远处的旋涡星云发出的光谱时，首先发现了光谱的红移，认识到了旋涡星云正快速远离人们而去。1929年，哈勃把这种退行红移的测量与星系的距离的测量结合起来，总结出了著名的哈勃定律。根据哈勃定律和后来更多天体红移的测定，人们相信宇宙在长时间内一直在膨胀，物质密度一直在变小。由此反推，宇宙的结构在某一时刻之前是不存在的，它只能是演化的产物。1948年，物理学家伽莫夫等人首先提出了大爆炸宇宙学模型。

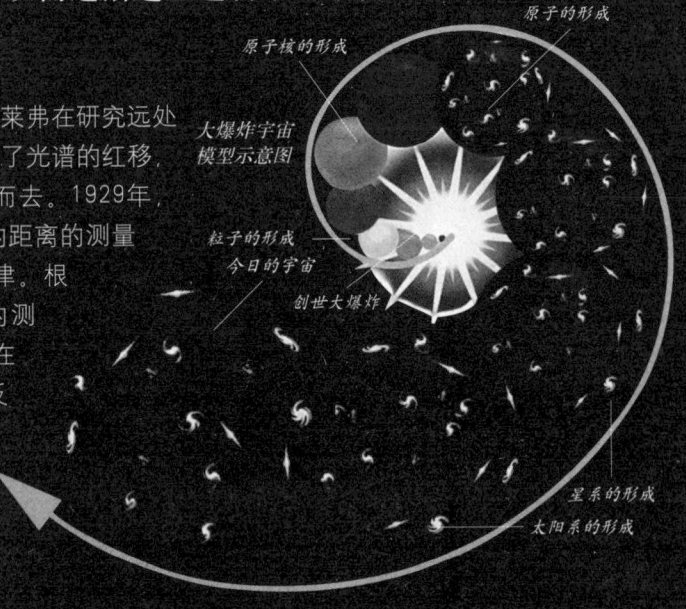

原子的形成
原子核的形成
大爆炸宇宙模型示意图
粒子的形成
今日的宇宙
创世大爆炸
星系的形成
太阳系的形成

古印度人认为：大蛇上的花点表示星星，海龟和大象驮着地球。

从爆炸到星系诞生

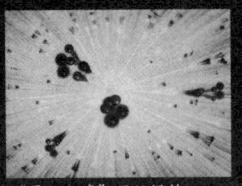

"原始火球"开始爆炸

■大爆炸宇宙学模型

这一学说认为宇宙诞生于一次大爆炸。在宇宙早期，温度极高，在100亿度以上，物质密度也相当大，有中子、质子、电子、光子和中微子等一些基本粒子形态的物质。整个体系在不断膨胀，结果温度很快下降。当温度降到10亿度左右时，中子开始失去自由存在的条件，它要么发生衰变，要么与质子结合成重氢、氦等元素。温度进一步下降到100万度后，宇宙间的物质主要是质子、电子、光子和一些比较轻的原子核。当温度降到几千摄氏度时，辐射减退，宇宙间主要是气态物质。这些气态物质逐渐凝聚成气云，再进一步形成各种各样的恒星体系，成为我们今天看到的宇宙。

宇宙发展时序示意图

银河系的外形

迢迢牵牛星，皎皎河汉女。美丽闪亮的银河总是引起人们的遐思与困惑，它的外形究竟是什么模样呢？早在17世纪，意大利科学家伽利略就观测到白茫茫的银河是一个恒星密集的区域，接着英国学者赖特提出银河系形状似磨石或透镜的设想。

太阳的位置　侧视

太阳的位置

大约10万光年

俯视

银河系俯视图

■ 巨大的银河"飞碟"

18世纪，英国天文学家赫歇尔在赖特猜想的基础上通过观测验证提出：银河像一个巨大的飞碟。他们估计，银河系中有3亿颗恒星，其直径为8000光年，厚1500光年。今天的科学研究表明，银河系的外形像一个中间厚、边缘薄的扁平盘状体。银盘是银河系的主体，其直径约8万光年，中央厚约1.2万光年，边缘厚约3000~6000光年。银盘外是由稀疏的恒星和星际物质组成的一个球状体，包围着银盘，这个球状体称为银晕，银晕的直径约10万光年。

银晕　银盘　银核

银河系主要组成部分示意图

■ 寻找银河系的核心

16世纪，哥白尼提出地球是一颗普通行星，太阳是宇宙的中心天体。18世纪，赫歇尔认为太阳只是银河系的中心。20世纪，英国学者沙普利的新发现表明，太阳并不在银河系的中心。据20世纪80年代的观测数据：银河系的总质量相当于2000亿个太阳的质量，太阳系位于银河系的一只旋臂上，距离银河系的中心大约25000光年。那么，位于银河系中心的是什么星系呢？目前，由于观测条件的限制，人们还难以窥视银河系核心的奥秘。

太空望远镜肩着观测银河系的职责。

恒星的奥秘

在无数星星中,除了少数行星外,其余都是自己会发光且位置相对稳定的恒星。它们像长明的天灯,万世不熄。太阳是距我们最近的一颗恒星,其他恒星离我们都非常遥远,离得最近的比邻星也在4光年以外。恒星都是十分庞大的天体。例如,太阳的直径约为140万千米,相当于地球的109倍,体积比地球大130万倍。恒星是由什么构成的?恒星也会衰老吗?

恒星内部结构模型

■ 构成恒星的物质

星云是构成恒星的物质,构成太阳这样的一颗恒星需要一个直径约900亿千米的星云团。从星云聚为恒星的过程可分为快收缩阶段和慢收缩阶段。前者历经几十万年,后者历经数千万年。星云经过快收缩后半径仅为原来的百分之一,平均密度提高了1亿亿倍,最后形成一个"星胚"。此后它进入慢收缩阶段,也叫原恒星阶段。这时星胚温度不断升高,温度升高到一定程度就要闪烁发光,以显示其存在,并步入恒星的幼年阶段。但这时的恒星尚不稳定,仍被弥漫的星云物质所包围着,并向外界抛射物质。

恒星的大小比较

一颗红巨星大约和太阳同重。

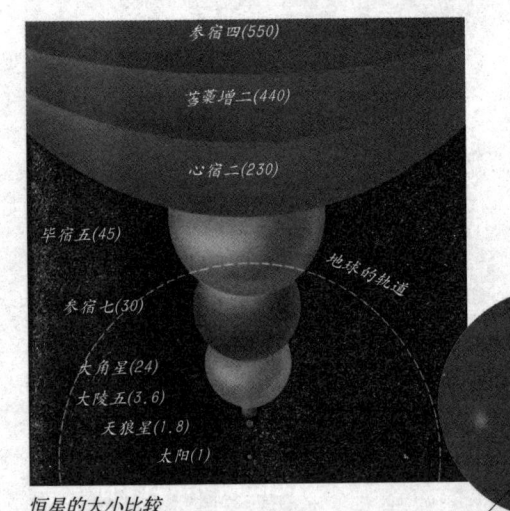

■ 恒星的演化

恒星也和其他生物一样经历诞生、盛年、衰老和死亡四个过程。经过幼年的成长阶段,恒星才真正成为一颗天体。此后,年轻的恒星继续收缩,温度继续升高。当温度升到1000万摄氏度以上时,星系核心的氢元素开始进行聚变反应,并释放能量。这样一来,恒星就变得比较稳定,并进入"青壮年期"。恒星年老时会变成一颗红巨星。此时,它的中心温度达到几亿度,发光强度也升高了,体积变得十分庞大。太阳老了也会变成红巨星,那时它将膨胀得非常大,以至于会把地球吞掉——如果那时人类还存在的话,就该"搬家"了,搬到离太阳远一些的行星上去生活。

恒星演化示意图

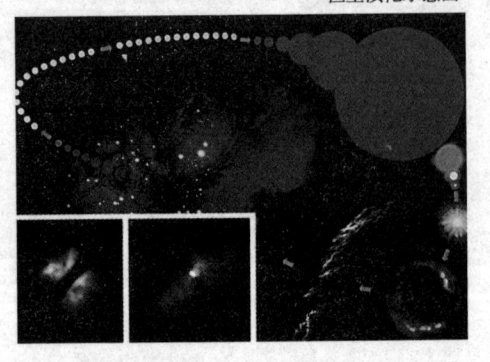

长"羽毛"的太阳

一瞬间，明亮的天空被一道黑幕合上，太阳被月影完全遮掩。接着，"黑太阳"的周围出现一团白色的光圈，这层光圈内竟排列着一道道呈发散状、好像羽毛一样的东西。这是1997年3月9日，中国北方漠河的一些观众在观看日全食时所看到的一幕奇景。太阳怎么会长"羽毛"呢？

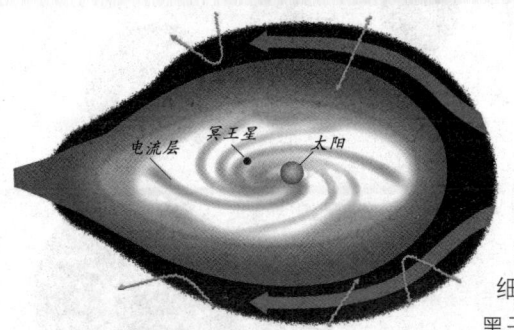

日食发生时，可以看见太阳边缘的"羽毛"。

■ 日冕与极羽

要解答这个问题，我们首先得从日冕说起。当日全食发生时，黑太阳外围的银白色光芒——太阳的大气层就暴露出来了。因为它像帽子似的扣在太阳上，因此称为日冕。日冕的形状很不规则，有时候呈圆形，有时候呈扁圆形，结构精细。自19世纪末以来，人们发现日冕的形状随太阳黑子的活动周期（约11.2年）在两个极端的类型之间变化。极衰期的日冕往往在太阳赤道四周有很多向外流动的"冕流"伸向远处，表现为一些纤细的羽毛状的东西，这就是"极羽"，也就是日全食时人们看到的光圈内那一道道呈发散状的"羽毛"。

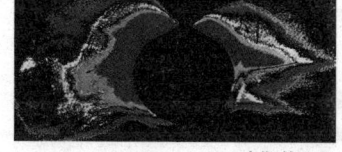

太阳释放出的带电粒子可以轻松地飞出太阳系。

太阳的日冕

■ 太阳耀斑

除了极羽外，太阳还有神奇的耀斑。太阳耀斑是一种最剧烈的太阳活动，一般发生在色球层中，所以也叫"色球爆发"。其主要观测特征是，日面上（常在黑子群上空）突然出现迅速发展的闪耀亮斑，其寿命仅在几分钟到几十分钟之间，亮度上升迅速，下降较慢。一般将增亮面积超过3亿平方千米的称为耀斑，小于3亿平方千米的称为亚耀斑。耀斑爆发时能释放出巨大的能量，特别是在太阳活动峰年，耀斑出现频繁且强度增大。

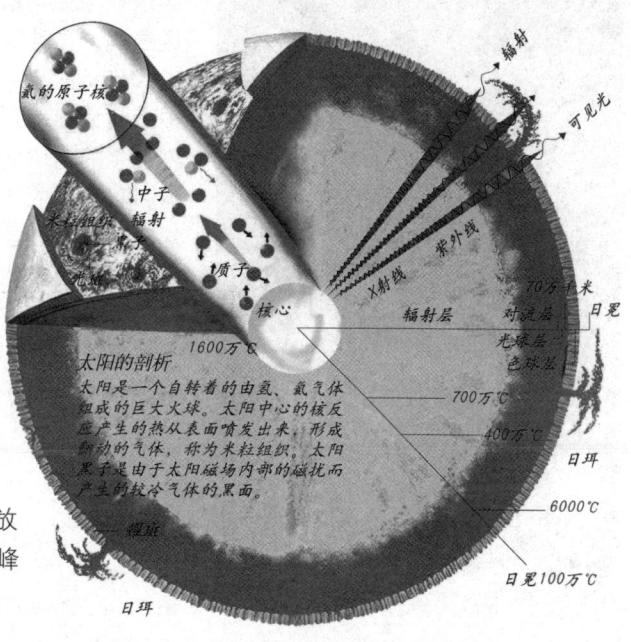

太阳的剖析

太阳是一个自转着的由氢、氦气体组成的巨大火球。太阳中心的核反应产生的热从表面喷发出来，形成翻动的气体，称为米粒组织。太阳黑子是由于太阳磁场内部的骚扰而产生的较冷气体的黑面。

地球形成之谜

人类在地球上繁衍生息了几百万年，不断产生新的文明，不断探索新的领域，不断了解地球内部和外部世界。但是，地球从哪里来，又是如何形成的呢？关于这个问题，人们一直还在探索之中，并提出了许多颇有意思的假说。

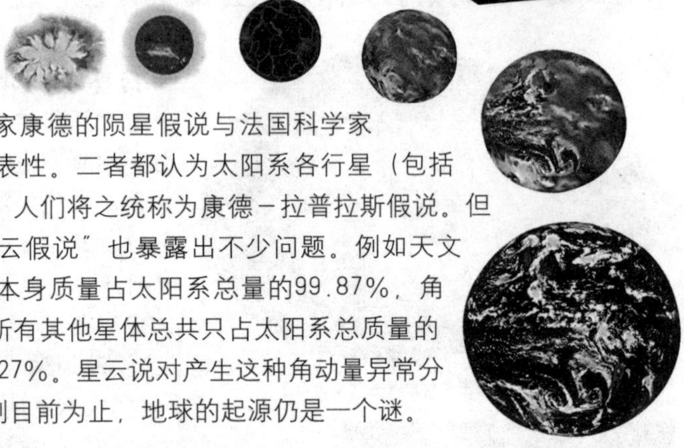

地球仪

■ 地球是如何形成的

关于地球的成因，德国哲学家康德的陨星假说与法国科学家拉普拉斯的宇宙星云假说最具代表性。二者都认为太阳系各行星（包括地球）起源于弥漫物质（星云），人们将之统称为康德－拉普拉斯假说。但随着科学的发展，人们发现"星云假说"也暴露出不少问题。例如天文学家观察到：在太阳系内，太阳本身质量占太阳系总量的99.87%，角动量只占0.37%；而其他行星及所有其他星体总共只占太阳系总质量的0.13%，但它们的角动量却占99.27%。星云说对产生这种角动量异常分布的原因"束手无策"。所以，到目前为止，地球的起源仍是一个谜。

地球的形成

■ 地球的形成模式

一些天文学家、古生物学家、地质学家、考古学家和历史学家共同建立了一个较为合理的地球形成模式。这种模式认为：宇宙大爆炸之后，在距今约50亿年前，太阳系星云开始收缩，形成以太阳为中心的太阳系。在约46亿年前，地球开始形成。刚刚诞生的地球是一个死寂的世界，没有任何生命迹象。不稳定的地质结构使地壳不断发生激烈运动，这时这颗年轻的星球不断地发生地震、火山喷发。就在这种冲撞和震撼之中，在太阳光线的照射之下，地球完成了从无机界到有机界的自然演变。又过了几十亿年，地球上开始出现了生命。

分布在地球大气各层中的现象

从月球表面看到的地球

地球生命的起源

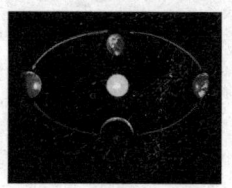

在距今4亿年前时，地球上已经出现了各种生命。不仅海洋里出现了大量的鱼类和贝类，陆地上也出现了许多昆虫和兽类（包括恐龙）。约在两亿年前，地球上出现了哺乳动物；约在五六千万年前，出现了灵长目动物；数百万年前，出现了早期人类。这是地球生命大致的演化过程。可是，你知道地球上的生命是如何起源的吗？

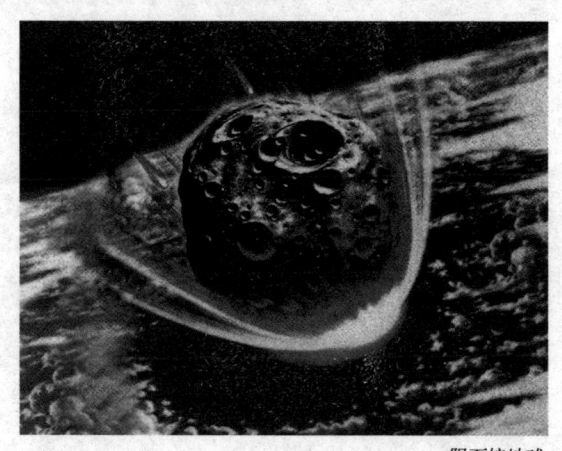

地球公转示意图

■ 陨石与生命

陨石为研究地球生命的起源提供了宝贵的线索。来自宇宙空间的陨石不仅含有氨基酸，还含有烃类、乙醇和其他可能形成保护原始细胞膜的脂肪族化合物。生物学家们用默奇森陨石中得到的化合物制成了球形膜，即小泡。这些小泡提供了氨基酸、核苷酸和其他有机化合物，以及生命开始所必需的转变环境，也就是说，当陨石撞击地球时，产生了形成生命所需的有机物及必需的环境——小泡。

陨石撞地球

■ 彗星与生命

彗星是一种很特殊的星体，与生命的起源可能有着重要的联系。彗星中含有很多气体和挥发成分，根据光谱分析，主要是C_2、CN、C_3，另外还有OH、NH、NH_2、CH、Na、C、O等原子和原子团。这说明彗星中富含有机分子。许多科学家注意到了这个现象。也许，生命起源于彗星！1990年，科学家们对白垩纪－第三纪界线附近地层的有机尘埃做了这样的解释：一颗或几颗彗星掠过地球，留下的氨基酸形成了这种有机尘埃。他们还指出，在地球形成的早期，彗星也可能以这种方式将有机物质像下小雨一样洒落在地球上——这就是地球上的生命之源。

古老的鱼化石

神话与科学：抟土成人

黏土矿物可能是最初的生命物质，这一说法已不再是西方的圣经故事和中国的神话传说，而是新的科学研究成果。黏土矿物是一种微小的晶体。科学家们发现，黏土矿物晶体中存在一种有趣的缺陷结构，这种结构可以保存相当多的信息，从而决定晶体生长的取向和结构。因此，对于诸如属于"低技术"的催化剂和膜等原始控制结构来说，这些无机晶体作为一种生命构造物质要比大的有机分子更为合适。

菊石

地球的"孪生兄弟"

在太阳系的八大行星当中，除金星外就数火星距离地球最近了。地球和火星这位邻居最为相似，简直可以称得上是"孪生兄弟"。火星比地球略小，半径为3395千米，体积约为地球的1/7，质量是地球的1/9。因此更确切地讲，火星只能当地球的"小弟弟"了。

"海盗1号"卫星拍摄的火星照片

火星北极的永冻层

■ 神奇的火星

火星是一个固态行星。众多探测数据表明，火星的结构与地球极为相似，也有地壳、地幔及铁质地核。火星的自转周期为24小时36分，其自传倾角是25°。火星公转一周是687天，当然，它的四季持续时间也会比地球上长近一倍。红色是火星最典型的颜色，这是因为火星土壤中的含铁量达到12%，厚达20多米的火星风化层因含大量氧化铁而呈红色。火星上的大气非常稀薄，气压只有地球的1/200，主要由二氧化碳（95%）和氮（2.7%）、氩（1.6%）等气体构成，还有微量的氧和水蒸气。

■ 火星人面

1976年，美国"海盗1号"飞船发回了火星圣多利亚多山沙漠地区上空的照片。人们从这些照片上可以清楚地看到，一块巨大的、五官俱全的人面石像耸立在一座高山下，人像从头顶到下巴足足有16千米长，脸的宽度为14千米，整体造型与埃及的狮身人面像比较相似。于是，火星"斯芬克斯"便成了轰动一时的新闻。阿顿·安尔比是负责"观察者号"太空飞船任务的加州科技学院的科学家，他认为这些图案是自然形成的。他说："它是自然岩石的形状，是一片独立的山地，'人面'只不过是峰峦沟谷在光线的影响下形成的。它们并不是人工建筑。"有些地理学家也认为，是光线变化导致形成了"人面"山上的阴影部分，这也很可能是几百万年来气候变化的偶然结果。

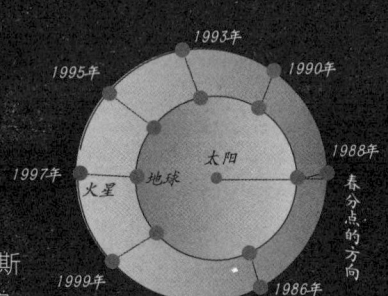

火星公转时与地球的最大距离和最小距离

火星探测器着陆后拍摄的全景照片

火星上有生命吗

尽管火星的外表布满伤痕，但现在已经有许多科学家认为：可能有最低级的、与细菌或病毒相似的微生物有机体存在于火星地表之下。另一些科学家虽然认为今天的火星不大可能有生命存在，但也承认的确有这样一种可能性：在某个极为遥远的古老时期，"生物繁盛"的时代在火星上曾经出现过。

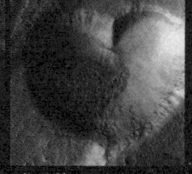

火星上的笑脸地形　　*火星的心形地形*

红外线观测仪所拍摄到的火星

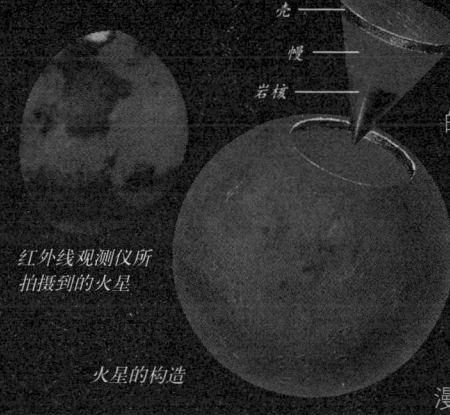

火星的构造

■ 生命的痕迹

1996年8月，美国宇航局宣布，在一个编号为ALH8400的火星陨石中，他们发现了微生物化石的明显遗迹。这表明生命印迹一直在这个红色星球上存在着，尽管那里的环境极为严酷，生命却比我们想象的要顽强，甚至在完全没有光线的深海里也能找到它们。可以想象，在火星上这类生物有可能存活着，也许被死死地封闭在10米厚的永久冻土层当中。科学家们认为，这种永冻层存在于火星地表之下，它们可能已在火星上存在了一个非常漫长的时期。

■ 火星的无水之河

火星上干涸的河床

火星上存在着一些宽阔而干涸的河床。这些河床最长的大约有1500千米，宽度则达到60千米或更多。在赤道地区分布着一些大河床，大河床和它的支流系统连在一起，形成水道系统。此外还可以观测到呈泪滴状的岛、沙洲和辫形花纹，支流的流向几乎全部朝着下坡方向。科学家们分析，只有由像水这种黏滞性小的流体才能造成这样的天然河床。那么，火星上的河水流到哪里去了呢？今天的火星表面温度不高，大部分水以地下冰的形式存在着。非常稀薄的大气使得冰在温度足够高时只能直接升华为气体，因此无法存在自由流动的水。火星河床说明，过去的火星肯定与今日的火星有很大差异，而生命的存在也并非完全不可能。

木星大红斑的奥秘

1975年，美国发射的木星探测器拍摄到了木星外形的彩色照片。人们从照片上发现，木星表面有一个色泽鲜艳的大红色斑，处于木星的南半球。这个大红斑的位置并不是固定不变的，而是在不断地移动。大红斑长25000千米，上下跨度为12000千米，是个椭圆形区域，足以容纳两个地球。大红斑以逆时针方向转动。

地球只有大红斑的一半大。

■ 大红斑是由什么构成的

这个色彩鲜艳的大红斑立刻引起了科学家们的兴趣。它到底是由什么构成的呢？科学家们早已知道木星周围有一层很厚的大气，由氧、氦、甲烷、阿摩尼亚等物质构成。但是从木星探测器所发回的资料来推测，木星的内部温度很高，从中散发出来的热量为从太阳光中吸收的热量的2.5倍。所以有的科学家就据此推测，大红斑可能就是木星内部温度最高的部分呈柱状的漩涡不断朝外喷射的地方。大红斑喷出之后，柱状漩涡与大气中的甲烷、阿摩尼亚等物质产生化合作用，从而形成了橘红色的物质团——大红斑。

自转轴　磁轴

木星的磁场

木星探测器

■ 对大红斑的探索

大红斑位于南半球，正好在木星赤道的下方。它大得可以轻松地装下整个地球。当科学家认识到木星表面不是固态而是由液化压缩气体组成时，原来认为大红斑是山峰或高原的想法便受到了怀疑。探测表明，大红斑的形状没有太大变化，一般呈椭圆形，就像木星上长着的一只眼睛。但大红斑的颜色却常有变化，有时鲜红鲜红的，有时又略带棕色或淡玫瑰色。

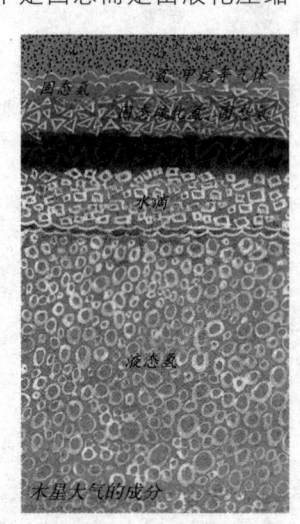

固态氢　氨、甲烷等气体
固态氢和氦、液态氢
液态氢

木星大气的成分

拍摄大红斑

1972年3月2日，为探明木星真相，美国发射了无人勘测器——"先锋10号"。经过1年零9个月的宇宙飞行"先锋10号"终于来到了木星附近，并拍摄到了木星外形的彩色照片发回地球。这些照片让人们清楚地看到了木星上的大红斑。

木星大红斑

土星的光环

土星是一个巨型气体行星，是太阳系中的第二大行星。土星直径11.93万千米，表面是液态氢和氦的海洋，上方同地球一样覆盖着厚厚的云层。土星美丽，是因为它拥有漂亮的光环。虽然天王星和木星也有光环，但都比不上土星的光环那样美丽壮观。

■ 美丽的光环

土星的光环柔和、美丽，看起来就像土星的"草帽沿"，位于土星的赤道面上。2004年，美国"卡西尼号"探测器穿越土星时，用其自身携带的紫外线光谱成像仪第一次拍下美轮美奂的土星光环。科学家在分析"卡西尼"号探测器发回的土星光环照片后发现，土星的内侧光环夹杂着大量石块和灰尘物质，外侧光环则呈绿松石色，主要由冰晶构成。根据现有的资料，科学家们认为：数百万年前，土星卫星与彗星相撞，相撞产生的碎片被土星引力拉入土星轨道，从而形成了土星光环。科学家根据光环发现的顺序以英文字母A到G为光环命名。

土星的卫星成员

■ 光环的奥秘

尽管从地球上看，土星的光环是连续的，但实际上这些光环是由无数个微小物体构成的。这些物体大小不一，有的一厘米左右，有的几米，还有一些直径为几千米。它们都有各自独立的运行轨道。土星的光环特别薄，尽管它们的直径有25万千米甚至更大，但最多只有1.5千米厚。光环的倾角度每年不同，当光环的平面面向地球时，无论使用多大倍数的望远镜，从地球上都是看不到的。这种情况在土星公转一周里发生两次，而土星公转的周期是29.46年，因此从地球上看，每隔十五年，土星的美丽光环就会消失一段时间。

土星光环的消失

土星的环

诡异的水星

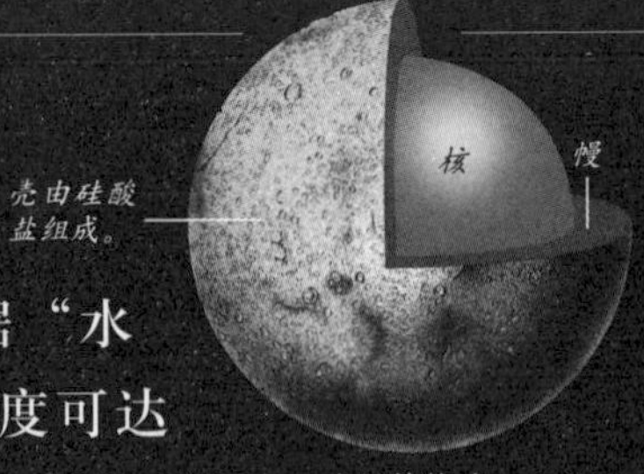

水星虽然名为"水星"，但却名不符实。据"水手1号"对水星天气的观测表明，水星的最高温度可达427℃，没有任何液态水的痕迹存在于水星的表面。就算是我们给水星送去水，液体和气体分子的运动速度也会因为水星表面的高温而加快，足以让那些分子逃出水星的引力场。

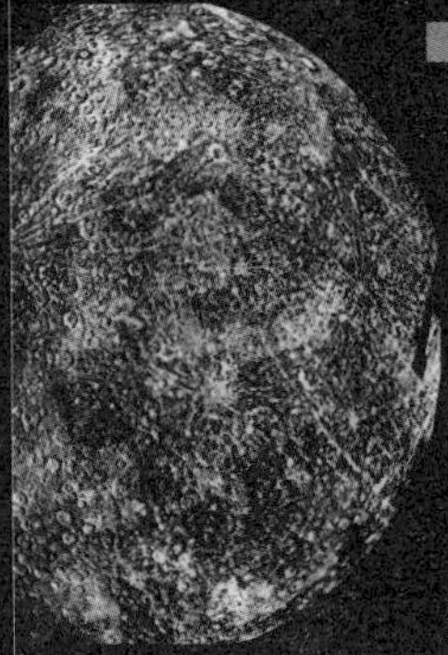

壳由硅酸盐组成。

水星的构造

■ 水星冰山

水星上没有液态水，没有水蒸气，但却存在着"冰山"。1991年8月，水星运行至离太阳最近点时，美国天文学家在新墨西哥州用装有27个雷达天线的巨型天文望远镜对水星进行观测，得出了令科学家们瞠目结舌的结论：在水星表面的阴影处，水竟然以冰山的形式存在着，直径达15～60千米。类似的冰山在水星上多达20处，最大的冰山直径甚至达到130千米。所有冰山都存在于太阳从未照射到的火山口内和山谷之中的阴暗处，那里的温度很低，达到了-170°。

水星的表面形貌

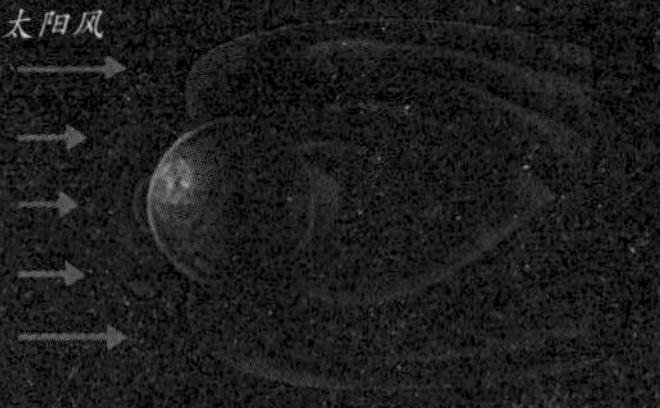

太阳风

水星的磁场

■ 水星磁场

"水手10号"第一次飞越水星时，意外地探测到水星似乎存在着一个很弱的磁场。在后来的几次探测中，水星磁场的存在得到了证实，它是一个基本上与自转轴平行的对称性磁场。然而，水星磁场是怎样形成的呢？有人认为，在水星形成的早期历史阶段，它的液态核心还没有凝固，磁场就是在那个时候产生的，并一直保留到现在。还有人认为，水星与太阳风持续不断地相互作用，也许是磁场产生的原因。但是，研究表明，这种相互作用虽然会产生磁场，却不可能产生与自转轴平行的对称性磁场。因此，到现在为止，水星磁场的形成仍是一个谜。

要破解水星磁场的谜团，还需要人们不断地探索。

"水手10号"飞向水星，寻找解开水星谜团的线索。

在太阳系中，水星距离太阳最近。

金星与海王星

太阳系的八大行星中，金星和海王星是两颗别具特色的星体。金星是靠近太阳的第二颗行星，是天空中最亮的星，而海王星距离太阳较远，是人们从"笔尖上发现的行星"。19世纪上半叶，当人们注意到天王星并不严格按其预定轨道移动时，便猜想：天王星之外可能还有一颗行星。后来，天文学家用笔计算出了这颗未知行星的轨道——海王星由此被发现了。

海王星

"旅行者2号"在对海王星的最后一瞥中，拍摄到了娥眉月状的海卫一。

■ 明亮金星

天空奇观：月球遮掩金星。

金星可以说是我们在地球上看到的除太阳和月亮之外最亮的星星了。它最亮时的亮度是天狼星的14倍。金星外面包裹着厚厚的云雾，这层云雾可以把75%以上的太阳光反射回来。金星与太阳的距角可以达到47°，也就是说金星在太阳出来之前3小时已经升起，在太阳落下后3小时又出现在天空。这样，地球上很多地区的人就很容易见到它了。在我国古代，金星有"启明星"和"长庚星"之称。当它在黎明前出现时，就叫做"启明星"，象征着天将要破晓了；当它在黄昏出现时，就叫它"长庚星"，这预示长夜就要来临了。它是晚上第一个出现和清晨最后一个隐没的星星。

金星玛亚特山附近的地形

■ 笔尖上的新星

海王星的赤道半径约2.476万千米，是地球的3.88倍，体积和质量分别是地球的57倍和17倍。海王星上也有大气，主要成分是氢、甲烷、氨等气体，表面温度为-230℃。1989年8月，"旅行者2号"探测飞船经过海王星时人们了解到，海王星由五个光环、八个卫星环绕，大气层中有云和风暴存在。海王星上有一黑斑，科学家发现这一黑斑的形状在不断变化，从而认为那实际上是一个气旋，它属于海王星大气中的高压区。

金星大裂谷地区的鸟瞰图

两星争亮

金星是距太阳较近的一颗行星，比地球到太阳的距离还要近。因此，太阳照射到金星的光比照射到地球上的光要多一倍。这是金星特别明亮的一个原因。然而，水星离太阳更近，为什么我们很难看到它呢？原来，金星和水星虽然都绕日公转，但由于水星离太阳比金星更近，其光亮被强烈的太阳光掩盖了，所以我们很难看到它。

月球是怎样形成的

月球是地球唯一的卫星，是夜空中人们用肉眼所能见到的最明亮的天体，也是迄今人类亲自登临的唯一一颗地外星球。自从18世纪中叶开始，人们就对月球的起源问题进行了探讨。可是，月球到底是怎么形成的呢？这一直是人们追寻解释的难点。

月球地图（正面）

月球地表的哥白尼环形山

■ 地球俘获说

地球俘获说认为，月球可能是在地球轨道附近运行的一颗绕太阳运行的小行星，后来由于接近地球，地球的引力使它脱离原来的轨道，被地球俘获而成为地球的卫星。其依据是，月球的平均密度为每立方厘米3.34克，与陨星、小行星的平均密度十分接近，而与地球的密度不同。

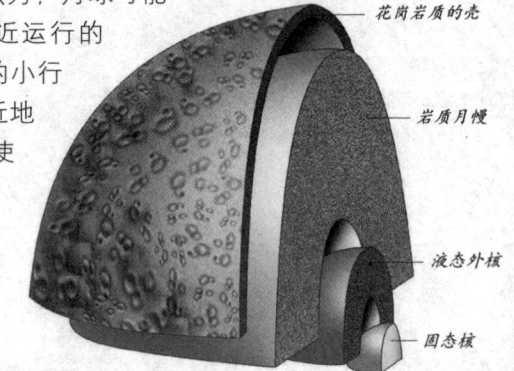

月球结构示意图——花岗岩质的壳、岩质月幔、液态外核、固态核

■ 地球分裂说

19世纪末，英国天文学家乔治·达尔文在研究了地月系统的潮汐演化后认为，月球是从地球分离出去而形成的，并提出太平洋盆地就是月球脱离地球时所造成的一个巨大遗迹。这一学说就是影响广泛的地球分裂说。地球分裂说的支持者认为，在太阳系形成初期，地球和月球可能是一个整体，那时地球还处于熔融状态，自转快。由于太阳对地球强大的引力作用，地球赤道面附近被拉长而隆起一块"面团"，这团物质终于分裂而形成月球。但是这一说法在20世纪受到了客观事实的挑战，通过对"阿波罗12号"飞船带回的岩样进行化验，人们发现月球要比地球古老得多。

月球的运动

伽利略手绘月球盈亏图

穿梭星际的"长发美女"

星空中有一种别致的天体叫彗星，她好像披着丝巾的仙女，缥缈在广袤的天空中，透出一股朦胧的美。她最美的部分自然是彗发了。当她经过太阳的身旁时，暗淡的彗核上就会挥发出大量的气体和尘埃，在太阳风的吹拂下，形成飘逸的"长发"。那么，彗星为什么被称为"彗星"？它又来自何方呢？

■ 彗星名字的由来

中国民间常把彗星称为扫帚星，"彗"字即扫帚之意。外文中的彗星comet一词来自希腊文，意思是有"尾巴"或"毛发"的星。古代人偶然看到形貌奇怪的彗星出现，感到恐惧，便将其看做灾祸的征兆。其实彗星的出现只是一种自然现象，现代天文观测研究已逐步揭开了彗星之谜。实际上，彗星只不过是一颗黑糊糊的"冰球"，它是由岩石和冰晶组成的。彗星只有运行到离太阳较近时才容易被观测到，而它们远离太阳时可能就观测不到了。

中周期彗星轨道　短周期彗星轨道
海王星轨道
太阳　火星轨道
长周期彗星轨道
各种彗星轨道

2002年3月10日拍摄的池谷—张彗星

天文望远镜

彗星解体

彗星在天空中运动时可能会发生解体现象。当彗星运动到太阳附近时，高温使它的挥发性物质迅速汽化，形成我们所看见的彗发和彗尾。此时的彗核时常发生喷发，有大量物质脱落。严重时，整颗彗星都会分裂。例如，1965年明亮的池谷—张彗星从太阳近旁掠过后就裂成了三块。

海尔·波普彗星

■ 奥尔特云与柯伊伯带

1950年，荷兰天文学家奥尔特对彗星轨道进行统计研究，发现轨道半径为3万至10万天文单位的彗星数目很多，他推算距离太阳中心3万至10万天文单位的空间有个球状的彗星储库。后来，这个彗星储库称为"奥尔特云"，那里的彗星绕太阳公转的周期长达几百万年。据统计，太阳系约有1000万亿颗彗星，它们绝大部分在太阳系外部。1951年，美国天文学家柯伊伯研究彗星性质与彗星形成，认为在太阳系原始星云很冷的外部区里的挥发物凝聚为冰体——彗星，他提出冥王星之外有个柯伊伯带，那里有很多彗星，它们的轨道近于圆形。

神奇的流星雨

美丽的流星雨在人们眼中充满了神奇的色彩，其实这多彩多姿的流星雨只是广大宇宙中的一个普通的天文现象而已。每年在全球各地会发生40多次可观测到的流星雨。但亮度较高、规模较大的流星雨只有几个，如夏季的英仙座流星雨、冬季的狮子座流星雨就是其中较为著名的。那么，这美丽的流星雨是怎样产生的呢？

一颗偶发流星出现在北斗星柄的背景上。

1998年1月18日在北京顺义牛栏山拍摄到的一颗火流星

■ 流星雨的命名

流星雨看起来像是成群的流星从夜空中的一点迸发并坠落下来的，这一点或这一小块天区叫做流星雨的辐射点。通常以流星雨辐射点所在天区的星座给流星雨命名，以区别来自不同方向的流星雨。例如，每年11月17日前后出现的流星雨辐射点在狮子座中，就被命名为狮子座流星雨。猎户座流星雨、宝瓶座流星雨、英仙座流星雨也是这样命名的。形成流星雨的小块物质在进入地球大气层时都是沿着平行的方向进入的。流星雨之所以看起来是从一个辐射点上迸发出来的，其实是一种视觉错觉。举个简单的例子可以解释：当汽车在平坦的田野上行驶的时候，远方的景物看起来都像是从一点上分散开来的。

1833年狮子座流星雨

■ 流星和流星雨的形成

除了八大行星和它们的卫星之外，还有彗星、小行星以及一些更小的天体存在于太阳系中。当它们闯入地球大气层时，速度可达到每秒钟几十千米，在与地球大气的剧烈摩擦中，引起物质电离而发出了耀眼的光芒。这就是我们经常看到的划过天际的流星。一般而言，流星是单个出现的，这种流星我们称之为偶发流星。当流星成群时就会出现流星雨的奇观。从彗星和小行星身上脱落下来的小块物质成群结队地在彗星和小行星所在的椭圆轨道上运行。当它的椭圆轨道和地球绕日公转的轨道相交，而且地球也运行到交点位置上的时候，成群的小块物质便进入地球大气层，流星雨就这样形成了。

流星雨的规模

不同的流星雨，其规模也不相同。有的流星雨在一小时中只出现几颗流星，但由于它们都是从同一个辐射点"流出"的，因此也属于流星雨的范畴；有的流星雨在短短的时间里，在同一辐射点中能迸发出成千上万颗流星，形成节日中人们燃放礼花那样壮观的景象。当每小时出现的流星数量超过1000颗时，我们称之为"流星暴"。

1998年11月17日的狮子座流星雨

"天外来客"——陨石

陨石是流星体自宇宙太空落到地面上的残骸，主要分为三大类：石陨石、铁陨石、石铁陨石。闯入地球大气层的诸多流星体在进入大气层时，由于有些流星体的质量较大，在经过与地球大气的剧烈摩擦后未能充分燃尽，最后坠落到地球表面，成为陨石。

落入我国新疆境内的大陨石

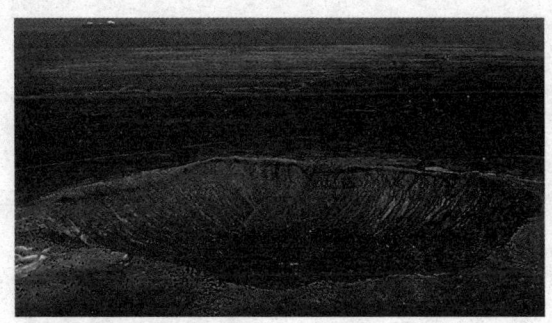

美国亚利桑那州巴林杰陨石坑

■ 聚焦陨石坠落

2004年12月11日晚上11点40分左右，有陨石降落在兰州郊区。当地突然传出了两声巨大的爆炸声，同时伴随着耀眼的光亮，这种情况近些年来是相当罕见的。两天后，两位地震专家通过对震波进行分析与测算，发现这次陨石坠地引起的震波相当于30吨烈性炸药爆炸的威力。经过详细的研究，专家推测陨石降落在兰州市东北方向，距离市区60千米左右的青城镇鹿谷子山附近。这一事件吸引了不少专业团体前往寻找陨石。

■ "恶魔之坑"

1891年，在美国亚利桑那州巴林杰发现了一个直径为1280米、深180米的巨大坑穴，坑周围有一圈高出地面40多米的土层。它是怎样形成的呢？人们迷惑不解，干脆叫它恶魔之坑。后经学者们考证，这是个陨石坑，是距今2.7万年前，一个重达2.2万多吨的陨石以5.8万千米的时速坠落地球时冲撞而成的。然而奇怪的是，这个庞然大物给人们留下了一个大坑和坑边几块陨石铁片后便没了踪影。有人估计陨石就落在坑下几百米的地方，可是至今没有人挖出它来加以证实。

陨石坠落

黑洞之旅

"黑洞"很容易让人望文生义地认为它是一个"大黑窟窿",其实不然。所谓"黑洞",就是这样一种理论上存在的天体:它的引力场是如此之强,就连光也不能逃脱出来。我们看不到它,只能通过观察它周围的天体状态和它发射出来的X射线来找到它。

■ 会弯曲光线的黑洞

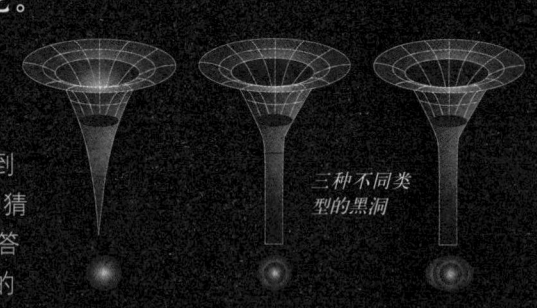

与别的天体相比,黑洞显得太特殊了。例如,黑洞有"隐身术",人们无法直接观察到它,连科学家都只能对它的内部结构提出各种猜想。那么,黑洞是怎么把自己隐藏起来的呢?答案就是——弯曲的空间。这样就造成一个有趣的现象,有些恒星朝其他方向发射的光也可能被附近黑洞的强引力折射而到达地球。这样我们不仅能看见这些恒星的"脸",还能同时看到它的侧面和"后背"!

三种不同类型的黑洞

观察黑洞
上两图是黑洞活动时的情形,左下图中的蓝点处有一个巨大的黑洞,右下图,恒星的伴星为一处黑洞,太空中出现了吸积体。

天鹅座X-1可能是一个黑洞(位于吸积盘中心)。

吞食的方式

黑洞吞食周围物质的方式有两种。一种是拉面式:当一颗恒星靠近黑洞时,很快就被黑洞的引力拉成面条状的物质流,迅速被吸入黑洞中,同时产生巨大的能量(其中包括X射线)。另一种是磨粉式:当一颗恒星被黑洞抓住之后,就会被其强大的引力撕得粉身碎骨,然后被吸入一个环绕黑洞的抛物形结构的盘状体中,在不断旋转中,由黑洞慢慢"享用",并产生稳定的能量辐射。

黑洞之行

■ 会"唱歌"的黑洞

天文学家发现黑洞也会"唱歌"。不过,黑洞发出的天籁之音,凡人的耳朵根本无法欣赏,它过于低沉,是迄今在宇宙中探测到的最低沉的声音。如果用音乐术语来表述,它发出的是降B音,但是音高却低了57个八度,相当于钢琴发出的降B音的约三百万亿分之一。位于英仙座星系团中央的超大质量黑洞所发出的声波,经过天文学家分析后发现,这种波每隔1000万年才振动一周。

Part 2 [第二章]

自然奇观

瑰丽自然，风云变幻，山水成趣。畅游大自然，你会发现地震突发和火山喷发的巨大威力，球状闪电的神奇奥秘，龙卷风的古怪行为，美丽的极光与骇人的白光，奇异而神秘的佛光，六月飞雪的缘由，可怕的厄尔尼诺现象，极昼极夜的绝伦之景，南极不冻湖的奇怪成因，海水变暖产生的可怕后果，海面上出现的神秘海火，会演奏音乐的沙子……这一切曾经让人不可理解，但在科学的解析之下，其中的奥秘展现在世人面前。

地震的奥秘

地震是对人类危害最大的自然灾害之一。据统计，1900～1979年中，全球共发生严重灾害性地震近600次，死亡120多万人。地震犹如一个庞大的怪兽，不仅夺走了数以万计的人的生命，而且在瞬间毁灭无数财产。同时，它还引起海啸、水灾、山崩、地陷、火山爆发和瘟疫等次生灾害。为了避免和减轻震害，人类对地震做了几千年的探索研究。

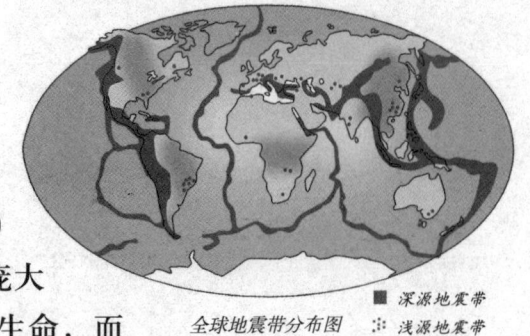

全球地震带分布图
■ 深源地震带
∷ 浅源地震带

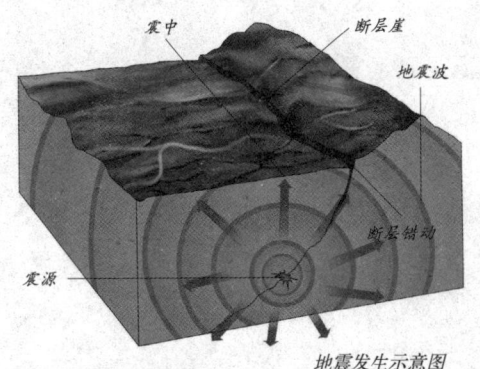

■ 什么是地震

地震也叫地动，是指因地球内部的巨大压力使岩石断裂、移动而引起的震动。它是地壳运动的一种表现，大致分为构造地震、火山地震和陷落地震三类。震源可在陆地，也可以在海洋。人类通过对地震史料的研究和对历次地震的观察，揭开了地震"怪兽"的神秘面纱，认为地震是可以预测、预报的，人类应该拥有防震和抗震的能力。为此，人类开设了震因学、震史学和震兆学，推动了地震科学技术的形成和发展。

震中　断层崖　地震波　断层错动　震源

地震发生示意图

■ 多震旧金山

旧金山是位于太平洋沿岸的美国第三大城市，是一个地震频发的城市。它为什么是一个多地震的城市呢？人们认为，是圣安德列斯大断层导致旧金山地震频繁发生。圣安德列斯大断层全长960多千米，从旧金山附近斜向墨西哥的加利福尼亚湾。地质考察证明，在最近8000多万年间，这个断层东侧的地块相对于西侧的地块，向东南方向滑动了200多千米，平均每10年移动2.5厘米。在这两个巨大地块的相互错动中，接触面的有些部分会产生能量的积累，当这种能量突然释放时，就产生了地震。

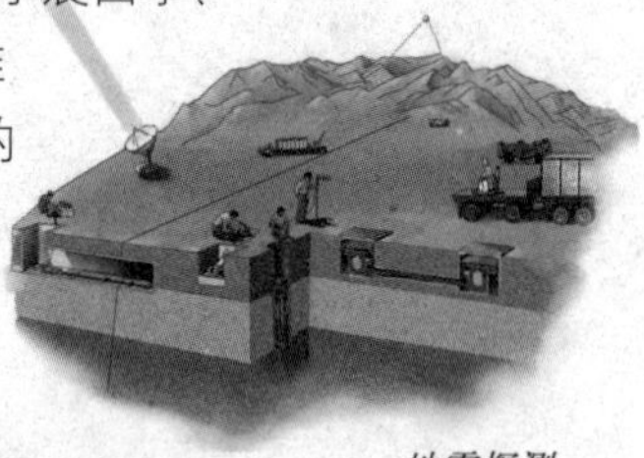

地震探测

正断层　逆断层　平移断层

断层痕迹　由于断层所形成的湖　地表的断层　断错山脊

火山的奥秘

早在2000多年前，中国古代典籍《山海经》中就记载了昆仑山一带有"炎火之山"，以为"山在燃烧"，因名"火山"。这是世界上关于火山的最早记载。

火山喷发示意图

■ 火山的喷发

"火山"是地球内部熔融岩浆等高温物质喷出地表堆积形成的高地。火山喷发时，地球表面就像被炸开了一条连接地心深处的通道，一根通向岩浆源地的"喉管"。一时间，大量炽热的岩浆、气体、尘埃和围岩碎屑、熔岩块、石块等，从"喉管"中喷突而出，冲向高空，形成一根巨大粗壮的火柱。火柱冲至一定高度，体积急速膨胀，形成了似氢弹爆炸的蘑菇状烟云。烟云是由喷出的气体、水蒸气以及细小的火山碎屑物（包括火山灰）、岩屑物质等构成的，其中带正电荷的大量水汽与带负电荷的火山灰在高空相遇，由于高空气温低，两者迅速结合凝成雨滴，以暴雨形式降落，并伴有电闪雷鸣，形成了一幅既壮丽又可怕的自然景象。

绳状熔岩流

■ 火山的分类

火山按其活动性质，可分为活火山、休眠火山和死火山三种类型。活火山是指具有活动能力的火山，包括那些现在还在经常喷发的火山和那些虽已长期没有喷发，但在人类历史上有过喷发活动的火山。休眠火山是指长期没有喷发活动，但将来可能还会喷发的火山。它和活火山之间很难划出明确的区分界限。死火山是指已经没有活动能力的火山，有的还保存有火山特有的形态，但在历史上既没有喷发的记载，又无活动性表现。

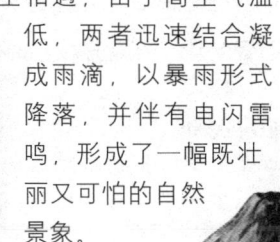

火山的神奇魔力

印度尼西亚苏门答腊和爪哇岛之间的喀拉喀托火山的魔力惊人。在一次爆发中，它将自己所在的岛屿炸掉了2/3，并迅速形成一个300多米深的海盆。它喷出的巨大火柱直冲云霄，烟云冲上70～80千米的高空。火山灰远渡重洋，环游世界，飘浮空中长达数月之久，以至当时世界各地的许多人在日出或日落时，都可以看到由火山灰反射太阳光而形成的灿烂霞光。

经过多次喷发后，大量的熔岩和火山碎屑堆积形成了锥状火山。

球状闪电的奥秘

摩亨佐·达罗原是古印度的一座城市，大约在公元前15世纪突然从地球上消失了。几千年来，这一直是个谜。只有古印度长篇叙事诗《摩诃婆罗多》里提到了这件事：一个个令人目眩的天雷燃起无烟的大火，紧接着是惊天动地的爆炸，爆炸引起的高温使得水都沸腾了……

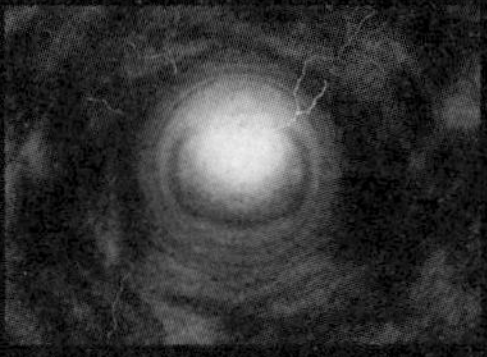

球状闪电一般是直径10～20厘米的火球。它在移动时发出噬噬声，消失时发出爆炸的巨响。

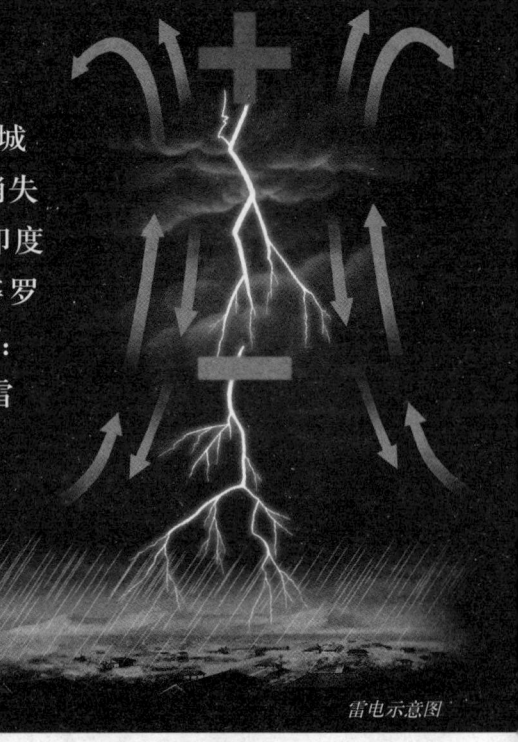

雷电示意图

球状闪电爆炸时，会生成臭氧和一氧化碳，所以球状闪电消失后有一股难闻的味道。

■ 奇特的球状闪电

1922年，印度考古学家发现了摩亨佐·达罗古城的遗址。是什么原因导致了这座城市的毁灭呢？原来古城确实是由于一次大火和特大爆炸而毁灭的。有科学家认为，这可能是由球状闪电所引起的。在大气中，由于阳光、宇宙射线和电场的作用，会形成一种化学性能十分活泼的微粒。这种微粒凝成一个又一个核，在电磁场的作用下聚集在一起，像滚雪球一样越滚越大，从而形成大小不等的球。这就是我们通常所见的球状闪电。

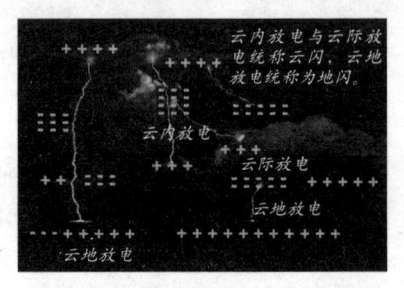

云内放电与云际放电统称云闪，云地放电统称为地闪。

球状闪电常常出现在野外，使野地和房屋着火。

■ 恐怖的灾难

科学家认为，形成球状闪电的大气条件同时也能产生大量的有毒物质，毒化空气。显然，古城的居民先是被这种有毒空气折磨了一阵，并在随后发生的猛烈爆炸中身亡。由于有大量的球状闪电存在，只要其中有一个发生爆炸，便会产生连锁反应，其他的球状闪电紧跟着发生爆炸，温度高达15000°C，足以把石块熔化。爆炸产生的冲击波到达地面时，把城市毁灭了。

龙卷风的奥秘

刮风下雨本是极寻常的自然现象，但有些风和雨确实很奇异。在许多国家经常发生这样的事：晴朗的日子里，天上突然撒下许多麦粒，掉下橙子和蜘蛛，有时又会随雨落下一群青蛙或鱼……这些看来不可思议的现象，其实都是龙卷风的恶作剧！

风带示意图

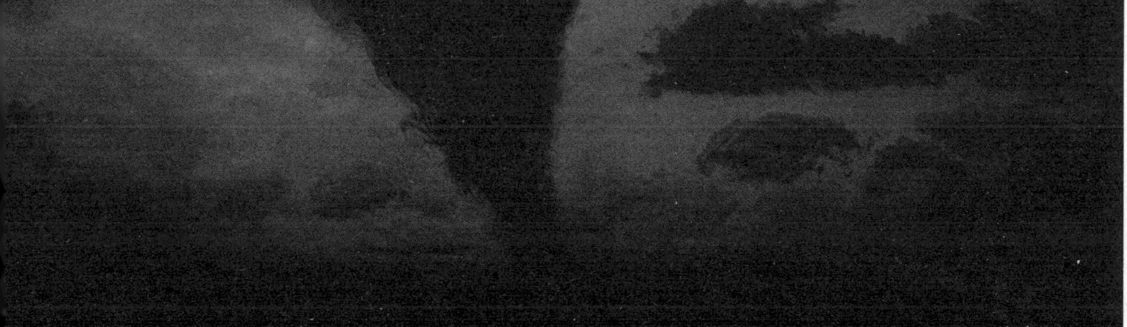

龙卷风

■ 水龙卷与陆龙卷

龙卷风发生在水面时，称为"水龙卷"；如发生在陆地上，则称为"陆龙卷"。龙卷风外貌奇特，上部是一块乌黑或浓灰的积雨云，下部是下垂着的形如大象鼻子似的漏斗状云柱，具有"小、快、猛、短"的特点。水龙卷直径25～100米，陆龙卷的直径为100～1000米。其风速一般达每秒50～100米，有时可达每秒300米。它像巨大的吸尘器，经过地面时，地面的一切都要被它卷走；经过水库、河流时，常卷起冲天水柱，连水库、河流的底部有时都会暴露出来。同时，龙卷风又是短命的，往往在几分钟或几十分钟，最多几小时之内便"寿终正寝"了。

台风在空中产生转轴旋涡，也会形成龙卷风。

■ 龙卷风的成因

苏联学者维克托·库申提出了龙卷风的内引力—热过程的成因新理论：当大气变成像"有层的烤饼"时，里面会很快形成暴雨云。大量已变暖的湿润空气朝上急速移动，同时，附近区域的气流迅速下降，形成了巨大的旋涡。在旋涡里，湿润的气流沿着螺旋线向上飞速移动，内部形成一个稀薄的空间，空气在里面迅速变冷，水蒸气冷凝，这也是为什么人们观察到龙卷风像雾气沉沉的云柱的原因。

古怪的行为

龙卷风的一些"古怪行为"使人难以捉摸：它席卷城镇，捣毁房屋，把碗橱从一个地方刮到另一个地方，却没有打碎碗橱里的一个碗；它能准确地把房屋的屋顶刮到二三百米以外，而房内的一切却保存得完整无损；有时它只拔去一只鸡一侧的毛，而另一侧却完好无缺；它将百年古松吹倒并捻成纽带状，而近旁的小杨树却连一根枝条都未受到折损。

龙卷风风眼

极光的奥秘

极光是发生在高空的一种天文现象，是除流星雨以外离我们最近的天文现象了。然而许多人很难有机会看到极光，因为它主要发生在高纬度地区，尤其是两极地区。所以，我们往往感觉极光有些神秘色彩。

极地的极光
色彩各异的光弧辉映着天幕。

■ 美丽的极光

通常，人们在两极附近地区的夜间会看到一种灿烂壮美的景象——极光。它有时像一条彩带，有时像一团火焰，有时又像一张异彩纷呈的巨大银幕。不过，有时在纬度较低的地区，也能有幸看到极光。2003年10月，在欧洲和北美洲大部分地区竟然都出现了极光。当时，英国威尔士地区很多人看到了极光，而且极光非常清晰，好像探照灯的灯光一样明亮，天空中布满了红、蓝、紫、绿等色相间的光线。10月下旬的一个晚上，美国得克萨斯州和佛罗里达州居民也都目睹了极光飞舞的壮丽景象。这是由于极光的形成与太阳活动息息相关。每逢太阳活动极大年，便会在更大范围内出现壮观的极光景象。

冰岛赫克拉火山上空的粒柱极光

加拿大曼尼拉巴上空的极光

■ 极光的形成

极光是由来自大气外的高能粒子撞击高层大气中的原子而引起的。这种相互作用常发生在地球磁极周围区域。一般是太阳风"吹"到地球附近时，部分带电粒子被地球磁场俘获，并吸引这些粒子向磁极下落。它们与氧和氮的原子碰撞，"轰走"电子，使之成为激发态的离子，这些离子发射不同波长的辐射，产生红、绿、蓝等色的特征色彩，这样就形成了极光。因为地磁极在南北极附近，所以极光离南北极也不会太远。

极地"白光"

1958年，一架直升机在飞过南极上空时，一道强烈的白光突然闪过，驾驶员的眼睛立刻失明，飞机也因失去控制而坠毁。这是怎么一回事呢？原来，南极大陆终年被积雪覆盖，而积雪反射太阳光的能力很强，通常，太阳光在雪面散射后进入人的眼睛里，而不是被直接反射后进入眼中。但是，在积雪表面微微下凹的地方，其反射率可达到95%，有可能出现"白光"。

环绕南北极观测的"绕极卫星"

瑰丽的极光

佛光的奥秘

佛光，又叫"峨眉宝光"，它是一个巨大的七彩光环，光环中还有人的影子。观看佛光的人举手、挥手，人影也会举手、挥手，此即"云成五彩奇光，人影在光中藏"的景象，神奇而瑰丽。佛光到底是怎么一回事呢？

茫茫云海中，忽然幻化出一轮七彩光环，令人心旌摇荡。

■ 奇异的佛光

有研究人员对自己亲眼见到的佛光做过详尽的记录：一轮彩色的光环如同显影一样由淡到浓地浮现，环形巨大，直径约4米。光环色彩由外而内排列着红、蓝、青、绿、黄、橙各色，中心是一团如蛋黄般耀眼的光亮，因为云雾的不断飘送，光环结构随之发生相应变化。影像在光环的正中心，只是一个淡淡的剪影，很难辨别细微的形象。当人手舞足蹈的时候，那剪影也跟着摇摆晃动，正所谓"光影随人动，人影在环中"。

佛光

在峨眉山上，经常会出现神秘而美丽的佛光。

■ 佛光的成因

究竟是什么样的地理和自然条件才能形成佛光呢？佛光是自然界中的一种光学现象，它的出现必须具备三个条件：阳光、云雾、地形。只有当太阳、人体和云雾三者处在一条倾斜的直线上时，方能产生佛光效应。佛光通常出现在半雾半晴的天气里。在峭壁边的云端，是光线造就了这个美丽的奇迹。在水汽氤氲的悬崖之旁，水滴凝结成的云雾在山峰和深谷间弥漫，铺成重重叠叠的云层。阳光从一定的角度斜射下来，透过厚厚的云层。这时，大自然开始了它的光线游戏。当光线穿透云雾表面时，会在云层深部的水滴或冰晶中产生衍射和反射。在衍射的作用下，有部分光偏离原来的方向，其偏离的角度与冰晶点的直径成反比，与各种色光波长成正比。于是，不同波长的单色光逐渐扩散开去，最终形成了一个彩色光环。

四季更替的奥秘

春季的温暖、夏季的炎热、秋季的萧瑟和冬季的严寒构成了一幅完美的四季图景。四季便是如此循环往复，年复一年。那么四季是怎样形成的？它又是如何严格划分的，划分的标准是什么呢？

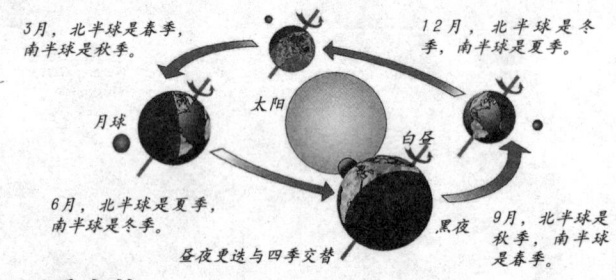

昼夜更迭与四季交替

■ 四季交替

四季交替主要是地球绕太阳公转的结果。由于地球在不断自转的过程中，是斜着身子绕太阳公转的。因此，太阳直射点在地球表面就会发生变化，便有了四季的轮流"值班"。每年6月22日前后是北半球的夏至日，太阳直射北回归线，北半球进入夏季。随着地球的不断公转，到了9月22日前后——北半球的秋分日，太阳直射赤道，此时北半球是秋季。同样，在每年的12月22日，这一天是北半球的冬至日，太阳直射南回归线，这是北半球的冬季。每年3月21日前后是北半球的春分日，太阳直射点北返，再次直接射向赤道，这是北半球的春季。四季的更替，北半球和南半球的情形正好相反，但都是地球在不断的公转中产生的结果。

■ 地球公转

地球公转的方向是自西向东，公转的轨道是椭圆形。太阳位于椭圆的一个焦点上。每年1月初，地球离太阳最近，这个位置叫近日点；7月初，地球离太阳最远，这个位置叫远日点。公转轨道的长度是94000万千米，公转一周所需的时间是一年，天文上所说的一年（回归年）是365日5时48分46秒。地球公转的轨道平面叫黄道面，它与地球赤道平面之间有一个交角，叫黄赤交角，其角度是23°26′。在地球公转过程中，由于黄赤交角的存在，使得太阳在地球上的直射点往返于南北回归线之间，并且引起地球各地正午太阳高度和昼夜长短的周期变化。

雾与虹的奥秘

诸多的气象要素组成了庞杂的天气系统，而系统的变迁造就了百般变幻的气象之景。清晨之际，近地面处常形成浓厚的锋面雾。弥漫的大雾笼罩着大地，灰蒙蒙的一片，顿时天地相连，海天一色。你知道雾是怎么形成的吗？雨后天晴，天际挂着一道瑰丽的七色彩虹，引发了人们无限的想象。天空中的虹又是如何形成的呢？

空中的水汽凝结成雾，在山间流动，形成氤氲之气。

人们清晨起床时，会发现城市里或田野中雾气缭绕，诸连蒙蒙。

■ 雾的形成

雾不是凭空从天上掉下来的，它是由悬浮在低空中的小水滴凝结而成的。空气中所含有的水汽是一定的，而且随温度的下降而增加，当增加到最大限量时水汽就饱和了，等到高出饱和水汽量时，多余的水汽就凝结成水滴或冰晶。如果空气中水汽含量非常大，而气温降低到一定的程度，一部分水汽将会凝结成很多小水滴。这些小水滴会越来越多而最终形成雾。一般把水平能见距离低于1000米的雾称为"雾"，而能见距离在1000～10000米的雾称为"轻雾"。

雨过天晴，彩虹就出现了。

■ 虹的形成

在盛夏和初秋季节里，降雨之后，许多小水滴飘浮在空气中。当太阳光射入这些小水滴时，经折射而改变了光线原来的方向，并将由7种颜色合成的白色太阳光散射，使之重新分解成为7种颜色；再经地面的反射作用，就在太阳的对面形成了颜色从外向内呈红、橙、黄、绿、蓝、靛、紫七色的美丽光弧，这就是虹。虹的颜色和宽度与水滴大小有关。水滴越大，虹的颜色就越鲜艳，虹带也越宽。

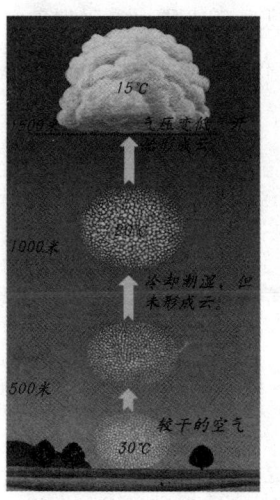

虹是雨后天空中的一段美丽光弧。

云的形成示意图

云的形成与分类

云是空中的水汽凝结或凝化形成的可见悬浮体，由大量小水滴、过冷水滴和冰晶或它们的混合体组成。云的形状、数量及其分布、移动和变化都能反映当时大气运动的状态，而且预示未来的天气变化。气象观测中，按云底的高低、云的外形及结构特点，把云分为高云、中云、低云和直展云四族。

奇异的雪

我国古代就出现过六月飞雪的反常现象。周代的《六韬》一书中有夏雪的相关记载；《汉书·五行志》记载了元帝永光元年（公元前43年），从农历三月到九月就一直是雨雪天气，使庄稼颗粒无收。据考证，我国在公元537年也发生过一次长达数月的夏雪天气，导致天下饥馑。夏季本应是酷热难当，却出现了寒冷的天气，这是怎么回事呢？

高空中的云层在遭遇强冷空气的情况下会形成冰晶，然后坠落——这即使是在夏季也是可能的，尽管十分罕见。

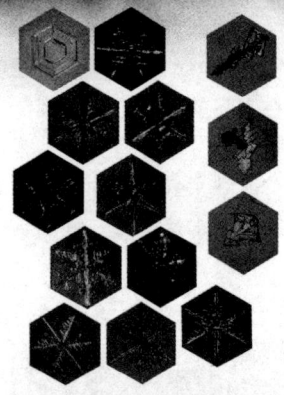

雪晶的各种形态

■ 六月飞雪之谜

一些科学家认为，六月飞雪是由于大规模的火山爆发造成的。火山爆发时可产生达数百万吨的火山灰，上升至大气高层，飘散到世界各处，一连数月遮天蔽日。它导致白天太阳无光，夜间不见星星，还使得许多地区出现寒冷天气。据研究，公元537年中国发生的那次夏雪天气，是由于新几内亚东南部的一次火山喷发造成的。"六月雪"虽属罕见，但也有其科学道理。像青藏高原这类地区，天气多变，虽是六七月天，下大雪也是平常事。所以六月飞雪的现象虽然十分罕见，但从气象学角度讲，是可能发生的。

在有雪的夜晚，因为光的反射，其能见度也比一般夜晚高。

■ 离奇的彩雪

日常所见的雪都是白色的，我们也常用"皑皑白雪"来形容大雪，好像雪的颜色已经被界定，就是白色的。其实，雪也有彩色的。我国西藏的察隅、德国的海德堡和南极等地就曾下过红色雪；内蒙古下过黄色的雪；北冰洋斯比兹尔下过绿色的雪；更让人不可思议的是，意大利挑罗台依和瑞典南部竟下过乌黑的雪……这时呈现在我们眼前的仿佛是一个五彩缤纷的雪的世界。那么彩雪又是如何形成的呢？原来那是因为雪中掺杂了有颜色的物质。

绿色的雪

可怕的厄尔尼诺现象

"厄尔尼诺"在西班牙语里意为"圣婴"。这个名称最早起源于19世纪末。当时，秘鲁沿岸的渔民把在圣诞节前后取代向北流动的冷洋流的季节性向南流动的暖洋流称为厄尔尼诺。现在，它已经从指局部性的洋流季节性变化，变成影响全球的连续但不规则的大气和海洋循环变化的厄尔尼诺——南方涛动现象的一部分。

厄尔尼诺现象示意图

厄尔尼诺使得秘鲁和厄瓜多尔沿海的渔业大受打击。图为桅樯林立的渔港。

■ 成因揭秘

厄尔尼诺并不是一种孤立的海洋现象，它是大气和热带海洋相互作用的结果。厄尔尼诺的爆发与结束完全取决于由海洋和大气构成的耦合系统内部的动力学过程。由于东南和东北太平洋两个副热带高压的减弱，分别引起东南信风和东北信风的减弱，并造成赤道洋流和赤道东部冷水上翻活动的减弱，从而使海水温度升高，形成了厄尔尼诺现象。

丛林因干旱和炎热着火，这是厄尔尼诺带来的灾难。

■ 厄尔尼诺的灾难

在厄尔尼诺现象发生的时候，海水增暖往往从秘鲁和厄瓜多尔沿海开始，接着向西传播，使整个东太平洋赤道附近的广大洋面出现长时间异常增暖现象，造成这里的鱼类和以浮游生物为食的鸟类大量死亡。它除了使秘鲁沿海气候出现异常增温、多雨外，还使澳大利亚丛林因干旱和炎热而不断起火；北美洲大陆热浪和暴风雪竞相发生；美国夏威夷遭热带风暴袭击；美国加利福尼亚遭受火灾；大洋洲和西亚发生严重干旱；非洲大面积的土壤发生龟裂；欧洲发生洪涝灾害；中国南部也发生干旱现象，沿海渔业减产，全国气温偏高，粮食也大面积减产；等等。

活动周期

厄尔尼诺现象的决定因素，也就是海洋和大气系统内部的动力学过程的持续时间决定了厄尔尼诺现象的发生周期一般为2～7年，平均每3～4年发生一次。厄尔尼诺发生时，其强度和持续时间因当时情况不同而各不相同。

厄尔尼诺现象导致洪水泛滥，人类家园被毁。

极昼极夜的奥秘

神秘笼罩下的南极和北极总是让人捉摸不透，在这里演绎着太多的奇闻，极昼和极夜即是其中之一。顾名思义，极昼就是一天24小时都是白日，反之则是极夜。出现"极昼"时，在南极或北极地区，太阳始终在地平线附近。在"极夜"时，天空并不像我们想象的那样漆黑一片，而是在月光和星光的照射下，显得格外明亮。

极昼现象

地球的赤道与地轴成90°。

地球绕着贯穿北极和南极的地轴转动。

■ 极昼极夜的成因

我们都知道，地球在公转的过程中，地轴始终指向北极星的方向，而且地轴与公转轨道始终保持一定的交角。地球的公转使太阳在地球表面的直射点总在发生变化。春分至秋分之间，太阳光总是照射在北极的低空上，此时北极地区全是白天，出现了"极昼"。但过了秋分至下年的春分之前，太阳直射点移到南半球，北极地区就都是晚上，出现了"极夜"。南极出现极昼与极夜的情况则正好与北极相反。

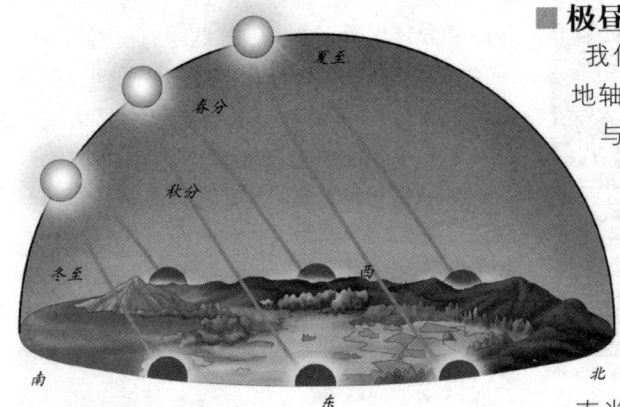

太阳移动与季节的关系
日出、日落的方向及太阳的高度，会随季节变化而变化。春分及秋分那天，太阳从正东方升起，由正西方落下。夏至逐渐临近时，太阳行经偏北；冬至逐渐临近时，太阳行经偏南。

■ 黎明前的黑暗探因

黎明前的黑暗是最"黑"的，这是地球大气与太阳光相互作用的结果。在长夜即将结束，黎明马上来临时，地平线以下的太阳光照射到地球上2000～3000千米的高层大气。这样，星星的光亮就被太阳的散射光冲淡了，而高层大气又十分稀薄，它所散射的阳光不能充分传到地面上来。此刻，地球上既没有星光，也没有大气的散射光，是一天里最黑暗的时候。

二至与二分

夏至（每年6月22日前后）这天，太阳直射点在北回归线上，北半球各地昼最长，夜最短。冬至（每年12月22日前后）这天，太阳直射南回归线，此时北半球昼最短，而南半球昼最长。春分和秋分（3月21日前后和9月22日前后）时，太阳恰好跨过赤道，此时全球昼夜等长。

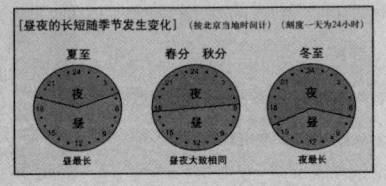

[昼夜的长短随季节发生变化]（按北京当地时计）（刻度一天为24小时）

夏至	春分 秋分	冬至
昼最长	昼夜大致相同	夜最长

南极奇湖

南极洲的绝大部分地方覆盖着坚硬寒冷的冰层，大陆冰层的平均厚度达1880米，许多地方甚至厚达4000米以上。南极大陆气候酷寒，年平均温度仅-25℃，最低温度达到-90℃，所以又被称为"世界寒极"。然而，就在这片寒冷的冰天雪地上，却奇迹般地存在着一个不冻湖。

■ 酷寒地带的异类

南极不冻湖的面积有2500多平方千米，湖水最深处达66米。不冻湖最神奇的地方在于随着深度的增加，水温不断增高。在16米深的地方，湖水的水温升至7.7摄氏度。这个温度一直保持到40米深处。在40米以下，水温随着深度逐渐增加，到50米以下，水温骤增。在最深的66米处，水温竟然达到了25摄氏度。不冻湖的奇怪现象，使人们百思不得其解。为了揭开这个谜团，科学家们对湖的周围进行了考察。他们发现，不冻湖的周围并不存在类似于火山活动的地质现象。这使得不冻湖水温增加之谜更加神秘。

南极的土地几乎全被冰雪覆盖。

■ 不冻湖的成因

科学家们认为，不冻湖的成因是气压和温度在特殊条件下交织在一起的结果。南极的大部分地区被厚厚的冰层覆盖，在300多米的冰层下，压力可以达到278个大气压。这样强大的气压使大气释放出比普通状态下更多的热量。而且，冰层像个大棉被，把大地所释放的热量积存起来。这样，大量的冰在积存热量的作用下融化，汇集在南极大陆的凹陷处，就形成了现在的不冻湖。

在气候酷寒的南极，生活着不畏寒冷的极地动物——企鹅。

南极不冻湖远景

海底喷泉的奥秘

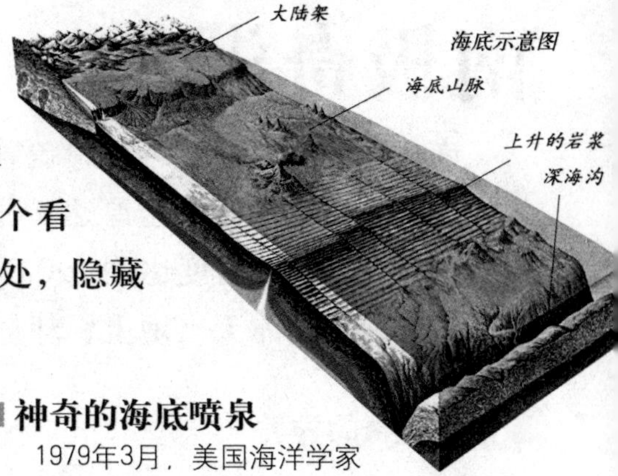

海洋约占地球表面积的71%，全球有超过97%的水都聚集在海洋中。在这个看似平静的水中世界里，在浩瀚的海洋深处，隐藏着许多鲜为人知的神奇景观。

海底示意图：大陆架、海底山脉、上升的岩浆、深海沟

深海探测潜艇的基本构造示意图：垂直速度指示器、罗盘、蓄电池、无线电话天线、马达、螺旋桨、空气箱、稳定翼、铁质压舱物、电子闪光灯、观测窗、出口、探照灯、油箱、钢索（到达海底时用）

■ 神奇的海底喷泉

1979年3月，美国海洋学家巴勒带领一批科学家对墨西哥西面北纬21°的太平洋海域进行了一次水下考察。当科学家们乘坐的深水潜艇"阿尔文号"渐渐接近海底时，透过潜艇的舷窗，他们看到浓雾弥漫下一根根高达六七米的粗大烟囱般的石柱顶口喷发出滚滚浓烟。"阿尔文号"向浓烟靠近，并将温度探测器伸进浓烟中。一看测试结果，科学家们不禁吓了一跳：原来这里的温度竟高达近千摄氏度。经过仔细观察，他们发现浓烟原来是一种金属热液喷泉。

海洋探测器在探索海洋深处的奥秘。

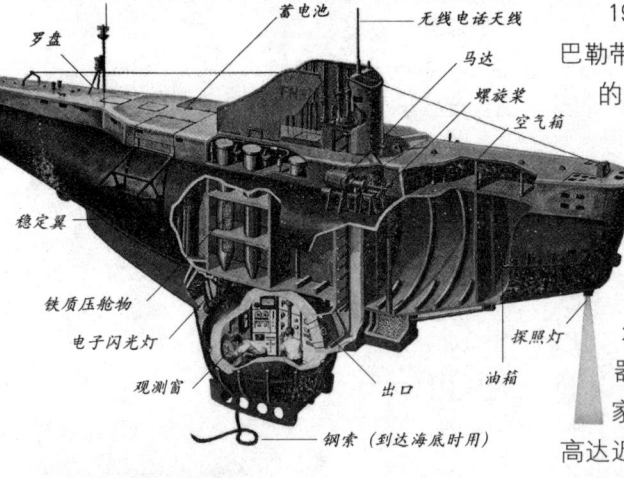

■ 海底喷泉与气候变化

科学家们认为，这种海底喷泉可能与地球气候的变化有着密切的联系。当海底喷泉活动增强时，所喷出的物质与海水中的硫酸氢钙发生反应，产生二氧化碳。目前已探明现在的海底喷泉提供给大气的二氧化碳，占大气中二氧化碳来源的14%~22%。因此，当钙的析出量为现在的3倍时，大气中二氧化碳的含量必将大大增加。而二氧化碳含量的增加，将会产生明显的温室效应，从而使全球的气温普遍升高。

珊瑚和各式各样的海洋生物构成了一幅美不胜收的图景。

海水变暖的受害者

随着全球气温的升高，海水正在迅速变暖，而珊瑚礁则成为地球上面临严重威胁的生态系统之一。珊瑚虫居住在由自己分泌的石灰质骨骼聚集成的"岩石"里，其食物主要为单细胞的藻类。温暖的海水促进了藻类的新陈代谢，它们代谢时产生了更多的氧气。珊瑚虫在40℃的海水中会出现氧气中毒现象，同时停止再生长，最终死去。

澳大利亚的大堡礁是世界上最大的珊瑚礁群，心形岛是其中最著名的景观，因其形状酷似心形而得名。

海火之谜

海洋是刚性的、狂野的，当它咆哮时会掀起万丈波澜；海洋又是神奇的、难以捉摸的。在岁月的长河中，它涌现出了许多难解的谜团，例如奇异的海火现象。

海里有许多能发光的生物。在受到干扰时，它们会发出异常的光亮。

海洋深处并不都是黑暗的，常常会出现奇异的海火。

■ 奇异的海火

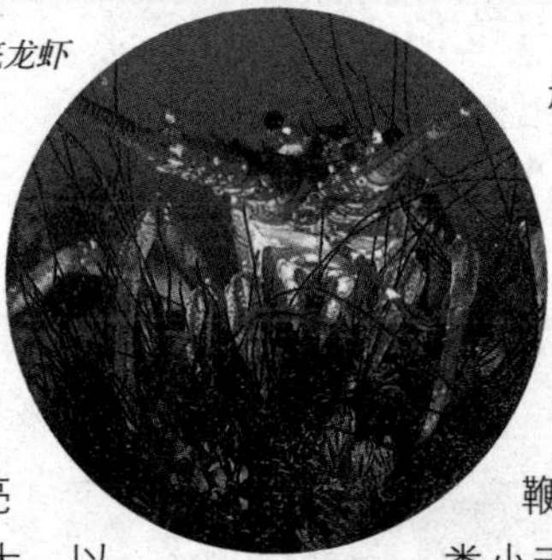

海底龙虾

1975年9月2日傍晚，在中国江苏省近海地区朗家沙一带，海面上出现了奇怪的亮光。亮光随着波浪的起伏，就像燃烧的火焰那样翻腾不息，一直到天亮才逐渐消失。第二天夜晚，亮光再次出现，而且亮度较前日加大。以后每日夜晚，亮度逐渐加大。到第七天，海面上涌出很多泡沫，当渔船驶过时，激起的水流明亮异常，如同灯光照耀，水中还有珍珠般闪闪发光的颗粒。这种海水发光现象被称为海火，常出现在地震或海啸之后。

大海深处有许多不为人知的奥秘，人们还在不停地探索。

■ 海火的产生

海火是怎样产生的？一般认为，这与海里的发光生物有关。发光生物因受到扰动而发光，是早为人们所熟知的现象。这些生物种类繁多，除甲藻外，还有许多细菌和放射虫、水螅、水母、鞭毛虫以及一些甲壳类、多毛类小动物。因此，人们推测，当海水受到地震或海啸的剧烈震荡时，便会刺激这些生物，使它们发出异常的亮光——海火。但也有一些学者提出不同意见。他们发现，当压力足够大时，岩石会产生爆炸性碎裂，并在几毫秒内释放出一股电子流，电子流激发周围气体分子发出微光。如果岩石处在水中，则碎裂时产生的电子流能使水发光。当海底地震发生时，岩石爆裂足以发出使人感到炫目耀眼的亮光。所以，他们认为，海火的产生与此有关。

深邃的海底世界

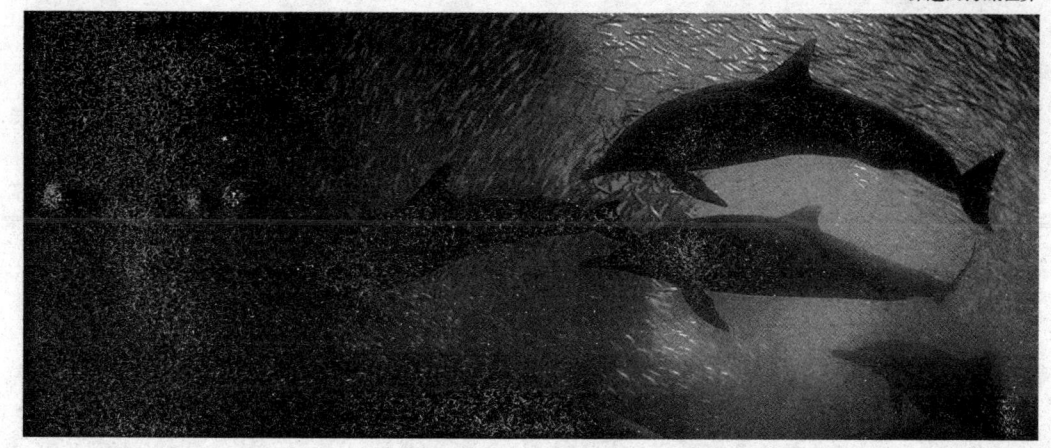

鸣沙的奥秘

鸣沙，就是会发出声响的沙子。鸣沙发声是世界上普遍存在的一种自然现象。美国的长岛、马萨诸塞湾、威尔斯河两岸，英国的诺森伯兰海岸，丹麦的波恩贺尔姆岛，波兰的科尔堡，蒙古戈壁滩，智利阿塔卡玛沙漠，沙特阿拉伯的一些沙滩和沙漠，都会发出奇特的声响。据说，世界上已经发现了100多种类似的沙滩和沙漠。

鸣沙山

■ 鸣沙的声音

鸣沙这种自然现象在世界上不仅分布广泛，而且沙子发出来的声音也是多种多样的。比如，在美国夏威夷群岛的高阿夷岛上的沙子，会发出一阵阵好像狗叫一样的声音，所以人们称它是"犬吠沙"。苏格兰爱格岛上的沙

夏威夷高阿夷岛上的鸣沙滩

骑骆驼的牧民途经鸣沙山，爬上一条沙带。

子却能发出一种尖锐响亮的声音，就好像食指在拉紧的丝弦上弹了一下。从中国的鸣沙山上滚下来，那沙子就会像科学家竺可桢描述的那样"发出轰隆的巨响，像打雷一样"。

鸣沙山因沙动鸣响而得名，山为流沙积成，沙分五色：红、黄、绿、白、黑。

■ 鸣沙发声的原理

沙粒发出声响，应该具备三个条件：第一个条件是沙丘又高大又陡峭；第二个条件是背风向阳，背风坡的沙面还必须是月牙形状的；第三个条件是沙丘底下一定要有水渗出，形成泉和潭，或者有大的干河槽。由于空气湿度、温度和风的速度经常在变化，不断影响着沙粒响声的频率和"共鸣箱"的结构，再加上策动力和沙子本身带有的频率的变化，鸣沙的响声也会经常变化。人们有时候在下雨天去看鸣沙，发现鸣沙不会发出声响，正是由于温度和湿度的改变，把鸣沙的"共鸣箱"结构破坏了。

[第三章]

Part 3

地理之谜

我们生活的地球，疆域辽阔，风光秀美。这里高山巍峨，盆地低洼，水流潺潺。走进去，你会发现，沧海曾经是桑田，沧海也已变桑田，岩石在水与火的洗礼中形成，下面反映——沙漠的面纱被揭开，不死的死海或将永远不死，间歇泉短短数分钟内孕育的神奇力量，能驶火车和汽艇的巨张拱脚，水往高处流的奇怪山坡，数万条蛇群赖生长的蛇岛……抬头皆是神秘，俯首皆玄机。

地球的奥秘

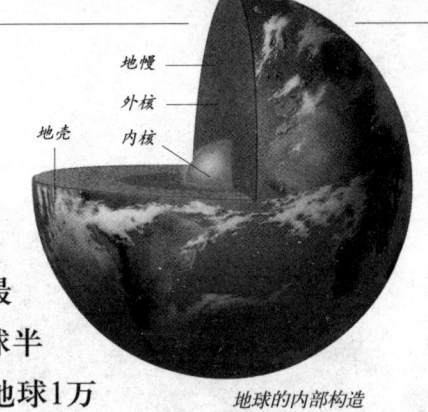

现在对人类而言，虽然到月球上去已非天方夜谭，但地球的深层是什么样子，至今还没有一个人亲眼见过。以石油钻井为例，即使是最深的钻井也只能钻到1万米以内，而这只有地球半径的1/630左右。以目前人类的科技水平，对地球1万米以下的地方进行直接观测，是绝对不可能的。因而，人类只能对地球内部进行一些间接的推测。

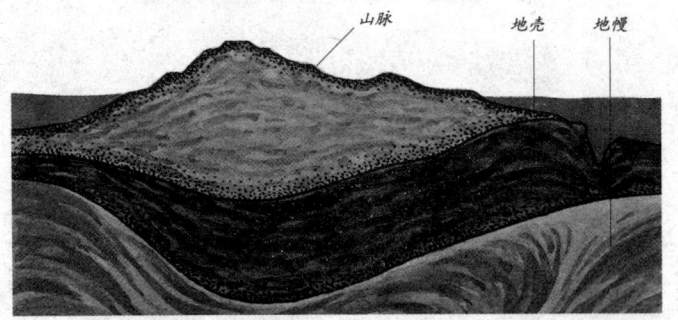

地球的内部构造

地球内部局部剖面图

■ 地球的年龄

科学家们发现，地壳岩石中蕴藏着少许放射性元素。这些放射性元素按一定的速度衰变，例如1克铀235每年有七十四亿分之一克变为铅元素。所以，根据岩石已有的铅和铀的对比，可推算出它的年龄。科学家们用放射性元素的同位素测得了地球上岩石的年龄。经过测算和校正，现在国际上公认的地球年龄为46亿年。科学家们从太阳和地球的形成演变过程及规律推测，地球现在正处于中年时期，也就是说，地球还能以这种形态存在50亿～100亿年的时间。

■ 地球的奥秘

地球内部是一个高压、高温的世界。就温度而言，那里的物质应该是处于熔融状态的。然而，由于受到的压力十分大，它们中的大部分仍然处于固体状态。地壳主要由岩石组成，相对于地球内部的物质来说，它的密度要小一些。在地球内部，越深密度越大，地核中心的密度约为17.9克/立方厘米。大多数人认为组成地核的主要物质是镍和铁，地核外层是处于熔融状态的物质。但是，在地球的最中心，有一个半径为1000千米的固体内核，核内的温度最高约为5000℃。

地核的形成

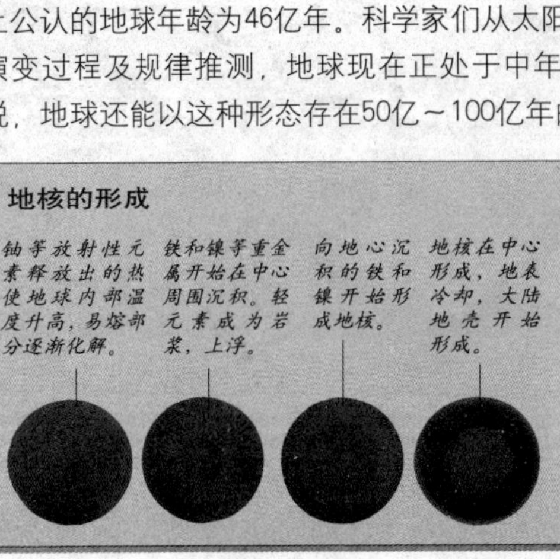

铀等放射性元素释放出的热使地球内部温度升高，易熔部分逐渐熔解。

铁和镍等重金属开始在中心周围沉积，轻元素成为岩浆，上浮。

向地心沉积的铁和镍开始形成地核。

地核在中心形成，地表冷却，大陆地壳开始形成。

热量在地球内部流动，使软流层的物质产生对流循环。这一运动导致了板块漂移和海底扩张。

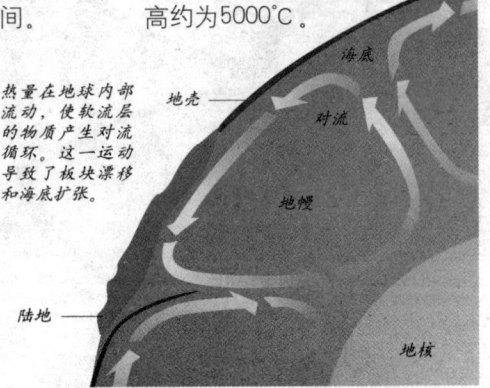

地球磁场"翻跟头"

地球本身就是一个大磁场。北磁极（N极）在地球的南端，南磁极（S极）在地球的北端。正是这个大磁场，始终影响着磁针的指向。1906年，法国科学家布容意外地发现有些地区岩石的磁性与磁场方向是相反的。随着对这一现象研究的深入，人们发现地球的磁场并非是永恒不变的，会出现"磁极倒转"的现象。

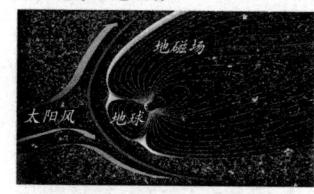

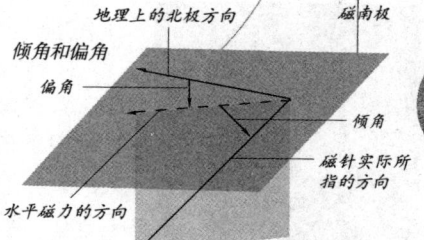

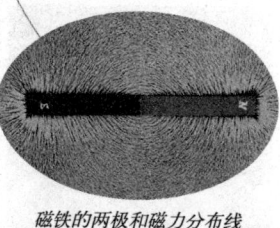

■ 磁极倒转

为什么地球磁场会发生变化呢？有人认为，这可能是地球被巨大的陨石猛烈撞击后导致的结果，因为猛烈的撞击能促使地球内部的磁场身不由己地翻转一个跟头；也有人认为，这与地球追随太阳在银河系里漫游相关。因为银河系自身也带有一个磁场，这个更大的磁场会对地球的磁场产生影响，从而促使地球的磁性会像罗盘中的指南针一样，随着银河系磁场的方向而不断地变化。

保护地球的地磁场

磁铁的两极和磁力分布线

■ 地球磁场正在消失

地球磁场在逐渐失去自己的威力。专家们指出，地球磁通量数值在最近200年里大大减小，如按现有的速度递减，再过1000年地球磁通量将降至零值。如果研究人员的预测是正确的，那么结果将是灾难性的。强烈的太阳辐射流（即太阳风）正是由于地球磁场的作用而不能抵达大气层，否则就会加热大气层上层，同时会引起全球气候变化，损坏所有位于地球近地轨道上的导航和通讯卫星，此外还会使地球上所有的迁移性动物失去定向能力。

20世纪60~70年代，科学家们进行了大量的古地磁和航磁测量，结果表明地球磁场的南北极曾多次互换位置。

沧海桑田变换的奥秘

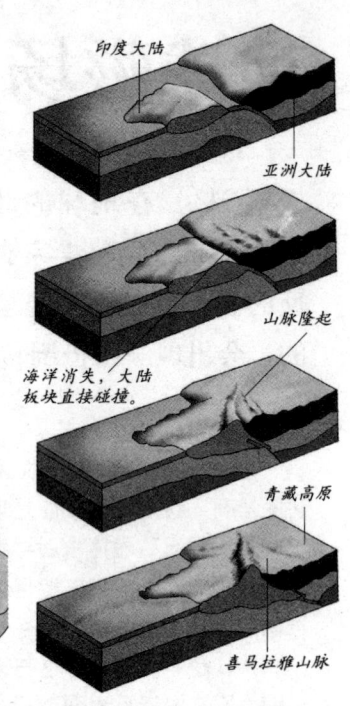

在1万年以前，渤海曾是一个地势坦荡、一马平川的大平原。20世纪70年代初，考古学家在渤海海底发现了一具披毛犀的骨架化石。人们认为，渤海曾有过一段裸露成陆的历史，否则陆生的披毛犀是无法在海水中生存的。那么，陆地是如何变成海洋的呢？

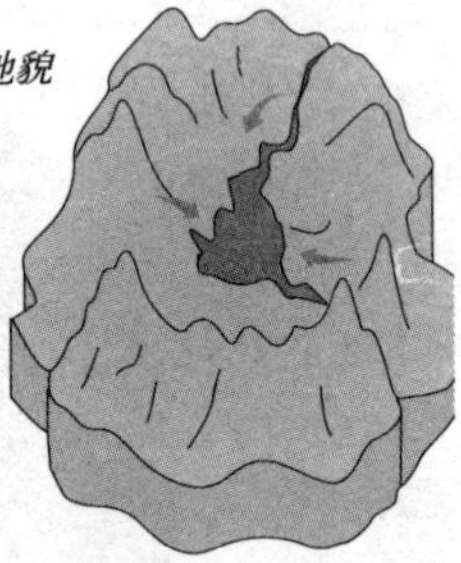

盆地地貌

■ 海水入侵平原

在距今大约1.2万年前后，全球气候变暖，冰川融化，海平面迅速上升，海水侵入现今的渤海所在地，渤海平原逐渐消失。曾在渤海平原上奔腾不已的黄河、滦河、辽河，也流归于大海之中。这一时期海水入侵渤海平原的标志是河北乐亭县姜各庄的贝壳和山东莱州湾的牡蛎。这一贝壳层的发现，证明了姜各庄附近地区在距今5500年前后，要么是滨海，要么是潟湖。20世纪70年代以来，由于大量开采地下水，山东莱州滨海平原海水入侵面积最大时达到了277平方千米。通过几年的综合治理，海侵面积才由1997年的277平方千米减少到2006年的230平方千米。如今的渤海正处在一个错综复杂的环境下，海岸线上有的地方在退，有的地方又在进，而且这种此消彼长的变化还将继续下去。

印度大陆

亚洲大陆

山脉隆起

海洋消失，大陆板块直接碰撞。

青藏高原

喜马拉雅山脉

大约4000多万年前，印度板块与亚洲板块相撞，逐渐形成了世界屋脊——青藏高原。

海水的入侵使渤海形成了今天的面貌。

新疆地区出土的二叠纪时期的鱼化石，有力地证明了这一地区曾经是一片海域。

■ 沧海变桑田

与渤海曾经的一马平川相映成趣的是，新疆曾是一片汪洋大海，是浩瀚的古地中海的一部分。在5亿年前的寒武纪，新疆的昆仑山、天山和阿尔泰山都不存在，塔里木和准噶尔两大盆地也没有形成。新疆西部是一片汪洋大海，叫塔里木海。2亿年前的二叠纪，是新疆海域变迁最剧烈的时期。大约2.3亿年前，地球又经历了一次强烈的构造运动。受这次构造运动的影响，新疆出现大规模海退，海域面积急剧缩小。第三纪初期，海水全部退出。随后，帕米尔高原出现，阿里荣海峡封闭。自此，海水再未进过新疆。后来，在新的构造运动中，青藏高原被抬升到海拔5000多米的高度，帕米尔高原、天山、阿尔泰山也都相继隆起，新疆真正成为欧亚大陆的腹地。

岩石形成的奥秘

地球上的岩石千姿百态，五彩缤纷，它们是怎样形成的呢？自古以来，科学家们都在探索这一奥秘。科学界还有过一场激烈的争论，持不同观点的科学家互不相让，有人称这场争论为"水火之争"。

■ "水火之争"

1775年，德国地质学家维尔纳提出这样的观点：花岗岩和各种金属矿物都是在原始海水中沉淀而成的。以英国地质学家詹姆士·赫顿为代表的一些科学家，则针锋相对地提出相反意见。他们认为花岗岩等不可能在水里产生，而应该是岩浆冷却后形成的。这两种观点被分别称为"水成派"与"火成派"，争论了很长时间。现在看来，由于受当时科学水平的限制，这两派观点都带有不同程度的片面性。

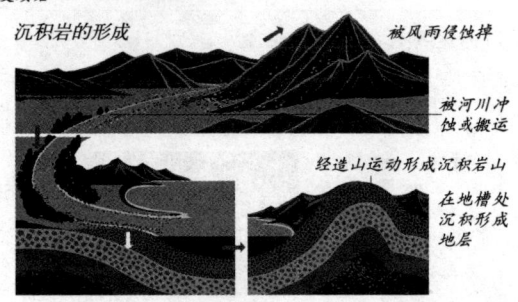

■ 地球岩石的形成

在地壳中，约有3/4的岩石是由地球内部的岩浆冷却后凝结而成的，人们称为"岩浆岩"或者"火成岩"。花岗岩就是属于岩浆岩。有少数岩石是泥沙、矿物质和生物遗骸等经过长期紧压胶结，以及在地球内部热力的作用下变成岩石的，人们称之为"沉积岩"，如石灰岩。岩浆岩和沉积岩形成之后，受到地壳内部的高温高压的作用，改变了性质和结构，就形成另一种岩石——变质岩，如石英岩。

神秘的千面女郎——沙漠

在许多人心目中，"沙漠"这个名词所代表的很可能是一个单调、炽热、原始、干燥、黄土飞扬的不毛之地。但是对一个了解沙漠的人而言，沙漠却是一个露天的陈列馆，也是一个善变的千面女郎。

沙丘的主要类型

新月形沙丘

纵向沙丘

横向沙丘

■ 沙漠的形成

沙漠有两种概念：一是荒漠的通称；二是指表面覆盖大片流沙、广泛分布各种沙丘的地面，是荒漠中分布最广的一种类型。沙漠中最常见的是丘状地貌——沙丘，按其形状可分为新月形沙丘、纵向沙丘、横向沙丘等。沙漠是怎样形成的呢？就自然界方面的原因来说，风是制造沙漠的罪魁祸首。风吹跑了地面的泥沙，使大地裸露出斑驳的岩石外壳，或者仅仅剩下些散碎的砾石，成为荒凉的戈壁。那些被吹跑的沙粒在遇到阻拦或风力减弱时，掩盖在地面上，形成许多相连的沙丘，望过去好似波浪起伏的大海。这都是风的杰作。

水的杰作——沙漠釉漆

"沙漠釉漆"是什么呢？原来，当雨水冲刷岩石时，有部分水会渗透到岩石内部。这时，岩石内部所含的铁、锰等物质便溶入水中而浮到岩石表面，后来受到日光照射逐渐变干，并在空气中产生氧化作用，于是在岩石表面产生了一种异常的黑色物质，这就是所谓的"沙漠釉漆"。

沙漠旅行

■ 干旱气候的产物

目前世界上的大部分沙漠主要分布于北非、西南亚、中亚和澳大利亚地区，如北非的撒哈拉大沙漠、南亚的塔尔沙漠、澳大利亚的维多利亚大沙漠、阿拉伯半岛的鲁卜哈里沙漠，等等。这是因为地球自转使这些地带长期笼罩在大气环流的下沉气流之中，气流下沉破坏了成雨的过程，形成了干旱的气候，同时造就了茫茫的瀚海大漠。

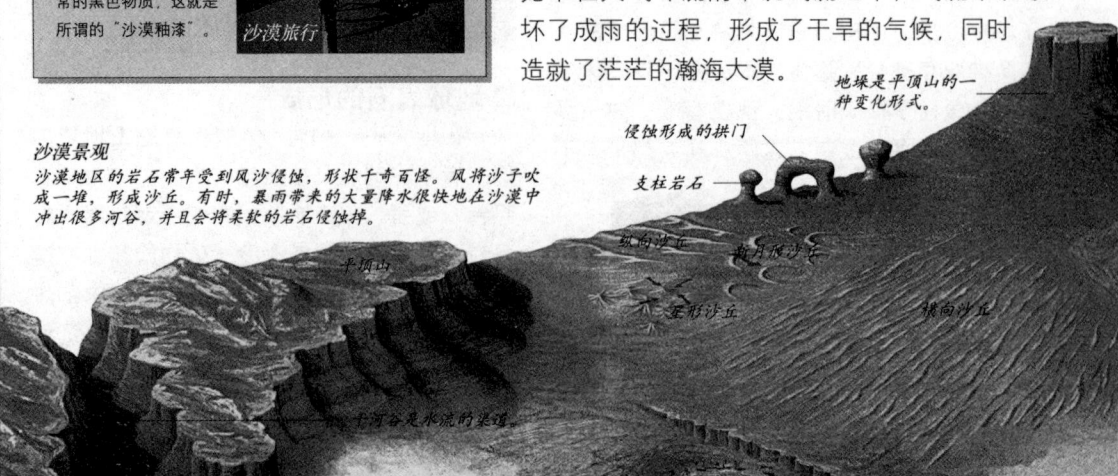

沙漠景观

沙漠地区的岩石常年受到风沙侵蚀，形状千奇百怪。风将沙子吹成一堆，形成沙丘。有时，暴雨带来的大量降水很快地在沙漠中冲出很多河谷，并且会将柔软的岩石侵蚀掉。

地球是平顶山的一种变化形式

侵蚀形成的拱门

支柱岩石

平顶山

纵向沙丘　新月形沙丘

星形沙丘　　横向沙丘

干河谷是水流的痕迹

绿洲

瀑布成因探秘

"飞流直下三千尺，疑是银河落九天。"瀑布气势宏大，但它是如何形成的呢？地质学家经过勘测与研究，总结了以下几条原因。

白练飞瀑

瀑布是自然界中最壮观的景致之一。

美丽的彩虹把瀑布装点得更加壮美。

■ 地壳错动与火山爆发

地壳错动：地壳发生断裂错动，而断裂的岩层两侧又会产生相对升降，这样就造成了很陡的岩壁。河流经过陡崖时，自然就会飞泻而下，从而形成瀑布。火山爆发：火山喷发以后，在火山顶端留下了一个火山口。假如积水成湖，湖水就会溢出，也有可能在火山口以外的地方形成瀑布，吉林长白山的长白瀑布就是这样形成的。

■ 河床和河川腐蚀

河川腐蚀：在古代冰川分布的一些地区，由于古冰川腐蚀深度的差异，从而留下了深浅不一的冰川U形谷。后来，谷地又被河流所占据，于是水流在深浅差异相当大的谷地交接处流过，就形成了瀑布。河床腐蚀：因为构成河床的岩石的性质往往不同，软硬兼有，所以它们抵抗水流冲刷和侵蚀的能力也不相同，硬性岩石抵抗力强些，不容易被冲蚀，而软性岩石抵抗力差些，很容易被冲蚀，由此造成河底地形高低不同，并且在河道上形成陡崖。这些也是形成瀑布的一个重要原因。

坚硬的粗玄武质岩层
瀑潭
被磨蚀的软质砂岩
瀑布形成结构图

有许多瀑布都是因为流水经过陡峭的岩壁形成的。

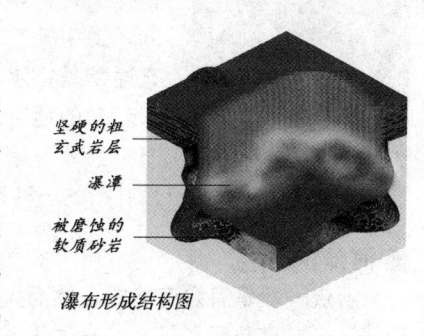

■ 海浪与暗河的作用

海浪拍岸：在河流注入海洋处的一些海岸边，因为猛烈的海浪经常拍击海岸，从而迫使海岸"后退"，河流也就"缩短"了。假如海岸被破坏的速度相当快的话，那么原来高出海面的河底也会"倒置"在海岸上，河流在入海处就会形成瀑布。还有，在石灰岩地区常常会有地下暗河。在暗河流过的地方，假如地势高低陡然变化，或者是暗河从陡峻的山崖涌出，所形成的瀑布就更为壮观了。

河流的奥秘

每到夏季来临，秋冬干涸的河流都会猛涨，甚至会泛滥成灾。我们知道，天上降雨是河流水量最直接的来源。那么，雨季过后，渐渐涨漫堤岸的河水是从哪里来的呢？

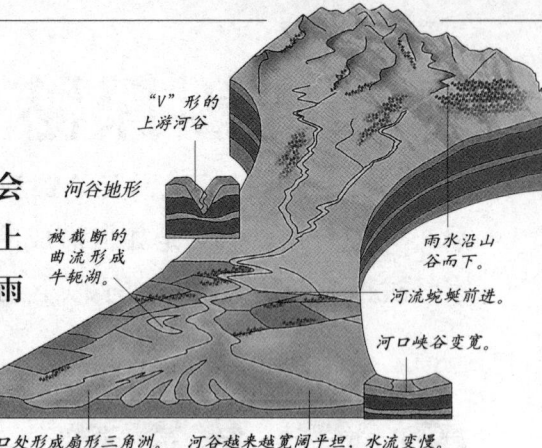

河谷地形

被截断的曲流形成牛轭湖。

"V"形的上游河谷

雨水沿山谷而下。

河流蜿蜒前进。

河口峡谷变宽。

在河口处形成扇形三角洲。 河谷越来越宽阔平坦，水流变慢。

■ 河流水量的来源

河流水量主要来自于三个方面。首先是降雨，这是河流水量的主要来源。其次，地下水的补充是河流水量的另一主要来源。地下水的补充又可分为浅层补充和深层补充。浅层地下水补充一般是指河岸两侧积层中的松散堆积物的孔隙以及裂缝中蓄积的各种地下水，它们渗透出来流入河道中补充河流水量。深层地下水补充通常是指渗入地下深处以及长期蓄积起来的地下水，慢慢流出来补充河流。另外，冰雪融水补给也是河流水量补给的一种重要形式。

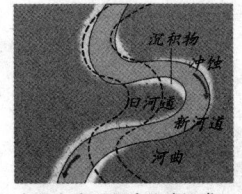

由于水流不断冲蚀外河岸，泥沙不断在内河岸沉积，河曲就渐渐改变了形状。

■ 河流的断续

河流一般是有始有终的，然而大自然里也有一些"断断续续"、"有头无尾"、"有尾无头"的河流。这是因为这种河流所经过的地区大多是石灰岩地区，地下有许多洞穴和孔道，有些岩洞彼此相通相连，延伸很长。河水在流动过程中如果碰到大的岩洞，就会钻入地下成为地下暗流，到地形合适的地方，它又会冒出地面。

河流的水源可以是冰川、湖泊、泉眼等。

上游水流湍急，切割出"V"形山谷。

水源汇集为单一河流，是河川的上游。

河水在瀑布或急流下面冲蚀出陡峭狭窄的山谷。

河川流到平原，流速减慢，形成弯曲河道。

河流流程示意图

河水入海处，流速减慢，所含泥沙淤积下来，形成扇形的三角洲。

洪水泛滥时，大量泥沙冲上两岸，形成高出于两岸平原的天然堤岸。

由岩石巨大的落差而形成的瀑布

支流

河流的类型

常流河

常流河全年都有水流，常见于全年都有降雨的温带和热带。

我们能见到的大多数河流都是常流河。

季节河

季节河仅在雨季有水流。许多地中海国家都有季节河，在多雨的冬季流水，而在夏季干涸。

季节河地貌

暂时河

暂时河通常是干涸的，许多沙漠河流都是暂时性的，例如大洋洲中部的托德河就难得有水流。

大洋洲中部的托德河

海水的来历

海洋大约占地球总面积的71%。在地球的水资源中，海水也占到了97.2%。太阳系的所有行星中，无论是与地球位置相近的金星、水星，还是离太阳较远的火星，都缺乏水分，唯独地球水资源丰富。为什么地球会拥有这么多的水呢？这确实令人疑惑。

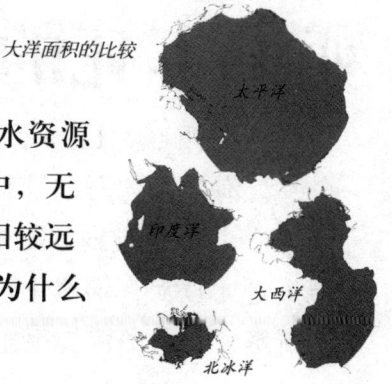

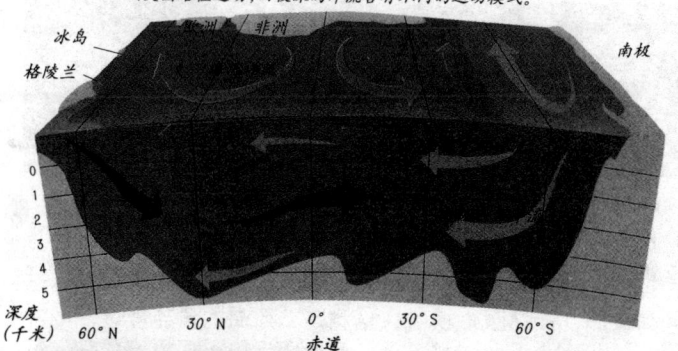

■ "固有说"

一开始，有些科学家认为这些海水是地球上固有的，这种学说被称为"固有说"。早期，它们以结晶状态或者以结构水的形式存在于岩石和矿物之中。后来，随着地球的演化，它们逐渐被释放出来，从而形成了海水。比如，在火山喷发的过程中总是伴随着大量水蒸气的释放。因此，一些人认为这些水蒸气就是地球的固有水。但是，经过科学家的深入研究，他们发现这些被误解的"固有水"其实是地表水渗入地下，然后又重新循环到地面的地表水。

■ "彗星撞击说"

有些科学家认为，地球上的水是由撞入地球的彗星带来的。因为从人造卫星发回的数千张地球大气紫外辐射照片中发现，地球上总有一些小斑点，每个小黑斑约存在二三分钟，面积约2000平方千米。科学家们认为，这些斑点是一些由冰块组成的小彗星冲入地球大气层造成的。小黑斑在数分钟内消失是陨冰因摩擦生热转化为水蒸气的结果。从照片还可估算出，每分钟约有20颗小彗星进入地球，若其平均直径为10米，则每分钟就有1000立方米的水进入地球，一年则可达0.5立方千米左右。

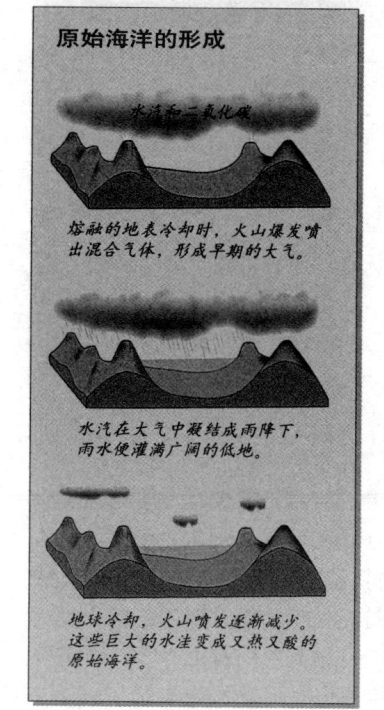

死海不死的奥秘

在亚洲西部，巴勒斯坦和约旦交界处，有一个"死海"。死海中没有鱼虾、水草，岸边也寸草不生，可是人到水里却不会被淹没。它的主要源头是约旦河，河水中含有很多盐类，再加之河水不断蒸发，盐类沉淀下来，最终形成了这个咸水湖。

死海中的结晶盐

■ 神奇的死海

死海四季都可游泳。凡去死海游玩的人都想畅游一番，无一例外。当你跳下水后，奇异的事便会发生：你的身子会立即被抛出水面——想游蛙泳身子下不去；仰泳双脚一蹬全身会被托出水面；想潜泳，怎么使劲也钻不下去……死海的水像肥皂水一样，又光又滑，又涩又苦，不小心把湖水溅入眼睛，又辣又痛，让你眼泪横流。据测定，死海的含盐量达30%左右，人在死海里会像软木塞般在水面上荡漾，在这样的水里游泳只要保持身体平衡，就能自由自在地戏水。如果游累了，你可以两手一张在水面上仰天一躺，身子像一叶扁舟顺风漂荡。你再用手抱住后脑勺，当成枕头，就好像睡在"凉席"上一样，你尽可以放松四肢，闭目养神，享受在其他湖海里体验不到的乐趣。

强大的浮力　　具有美肤作用的死海泥澡　　死海岸边的古崖

死海沿岸的盐沼中，湖水析出的白色盐分似流动的固体，随处可见。

■ 死海会死吗

在死海的前途命运问题上，一直存在着两种截然不同的观点：一种认为，死海日趋干涸，在不久的将来，它将不复存在；另一种观点则认为，死海并非是没有生命的死水，它的前途无量，是未来的世界大洋。持前一种观点的人认为，在几千年漫长的岁月中，死海日复一日、年复一年地不断蒸发浓缩，湖水越来越少，而盐分的浓度越来越高。加上那里终年少雨，而唯一向它供水的约旦河还要被用于灌溉，所以它面临着水源枯竭的危险。持后一种观点的人则认为，死海位于著名的叙利亚—非洲大断裂带的最低处，因为这个大断裂带还处于幼年时期，终有一天，死海底部会产生裂缝，从地壳深处冒出海水，而随着裂缝的不断扩大，会生长出一个新的海洋。

潮汐与海啸的奥秘

古时人们把白天发生的涨潮叫做"潮"，晚上的则叫做"汐"。如果把潮汐和海啸视为大海的情绪变化的标志，那么前者是大海温情的呢喃，而后者则是大海狂暴的怒吼。你知道潮汐和海啸是怎样形成的吗？

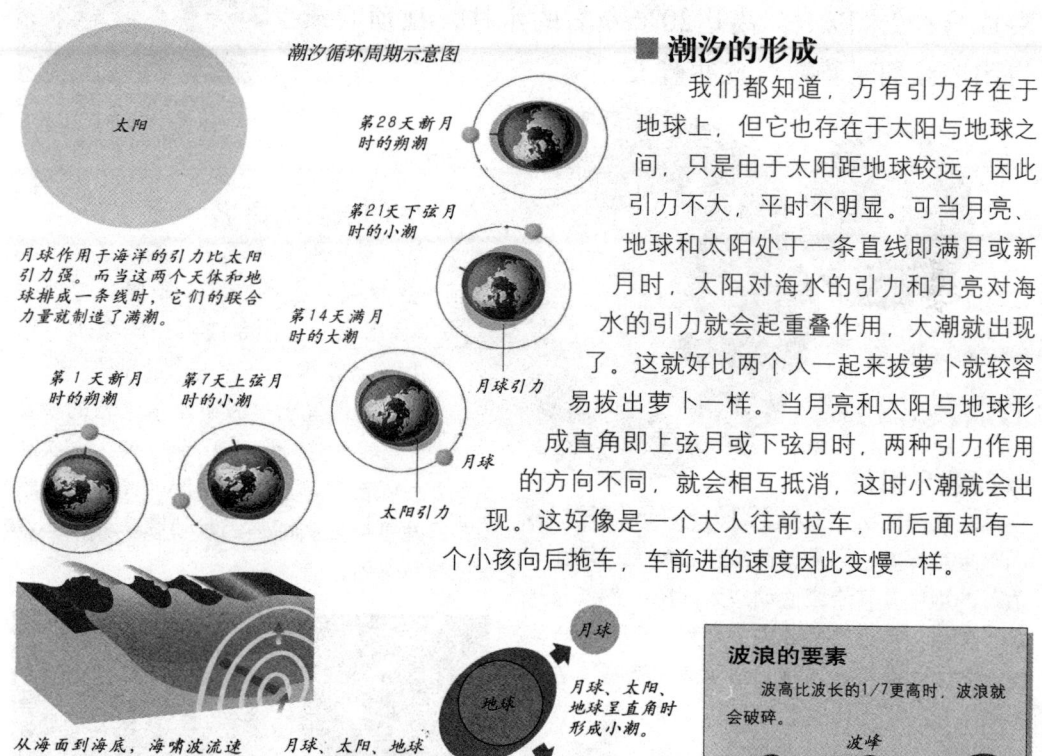

■ 潮汐的形成

我们都知道，万有引力存在于地球上，但它也存在于太阳与地球之间，只是由于太阳距地球较远，因此引力不大，平时不明显。可当月亮、地球和太阳处于一条直线即满月或新月时，太阳对海水的引力和月亮对海水的引力就会起重叠作用，大潮就出现了。这就好比两个人一起来拔萝卜就较容易拔出萝卜一样。当月亮和太阳与地球形成直角即上弦月或下弦月时，两种引力作用的方向不同，就会相互抵消，这时小潮就会出现。这好像是一个大人往前拉车，而后面却有一个小孩向后拖车，车前进的速度因此变慢一样。

■ 海啸的奥秘

人们都说"无风不起浪"，但有时没风的时候海水也能形成几十米高的巨浪。这种现象叫做"海啸"。海啸是怎么产生的呢？海底地壳的断裂是造成海啸的最主要原因。地壳断裂时，有的地方下陷，有的地方抬升，震动剧烈。在这种震动中，就会有波长特别长的巨大波浪产生，这种巨大的波浪传至港湾或岸边时，水位就会因此而暴涨，向陆地冲击。有时海啸是由海底的火山喷发造成的。此外，海啸还可能因为海底斜坡上的物质失去平衡而产生海底滑坡造成。也有些海啸是由风造成的。这种现象被人们称为"风暴海啸"或者"气象海啸"。

波浪的要素

波高比波长的1/7更高时，波浪就会破碎。

波峰——波浪运动的最高点。
波谷——波浪运动的最低点。
波长——相邻的波峰或波谷间的水平距离。
波速——波形传播的周期即两相邻的波峰或波谷通过一固定点所需的时间。
波高——波峰至波谷间的垂直距离。
波陡——波高与波长之比。

间歇泉的奥秘

间歇泉是一种神奇的泉。最初,泉水平静地涓涓流淌,在一系列短促的停歇和喷发之后,随着一阵震人心魄的巨大响声,高温水汽突然冲出泉口,即刻扩展成直径2米以上、高达20米左右的水柱,柱顶的蒸汽团继续翻滚腾跃,直冲蓝天。

这是中国西藏的一处间歇泉,沸腾的水从泉中喷涌而出。这些热水来源于附近的活动断层。

当间歇泉喷发时,烟雾汹涌而出,直冲云霄。

在地热资源丰富的地区,间歇泉的喷发是一大壮丽景观。

■ 间歇泉揭秘

适宜的地质构造和充足的地下水源是形成间歇泉最根本的因素。首先,在地壳运动比较活跃的地区,其岩浆活动成为间歇泉的能量来源。其次,要形成间歇性的喷发,还要有一套复杂的供水系统来连接一条深泉水通道。在通道最下部,地下水被炽热的岩浆烤热,但它在通道上部高压水柱的压力下又不能自由翻滚沸腾。当水道上部水压压力小于水道底部的蒸汽压力时,通道中的水被地下高压、高温的热气和热水顶出地表,造成强大的喷发。喷发后,压力减低,水温下降,喷发因而暂停,为下一次新的喷发积蓄力量。

■ 间歇泉的命名

与一般泉水不同,间歇泉是一种热水泉。它不是从泉眼里不停地喷涌出泉水,而是先喷一阵泉水,然后好像是憋足一口气似的稍停一阵,再狠命地涌出一股泉水来。它的喷发周期一般是几分钟或几十分钟。一次喷发之后就自动停止,隔一段时间才再次喷发。间歇泉之名即是因其喷喷停停、停停喷喷而得名。

冰岛的"盖策"泉形成于一次大地震。当它喷发时,水雾从地底汹涌而出,冲天而起。

冰岛"盖策"泉

在冰岛首都雷克雅未克附近一片著名的间歇泉区中,有一眼举世闻名的间歇泉——"盖策"泉。这个泉在不喷发时是一个直径20米的圆池,里面的热水沿池边的一个缺口缓缓流出。但是,"盖策"泉的间歇期只能维持一小段时间。不久,池口清水翻滚怒吼,发出类似开锅时的轰隆声,随即有一条水柱冲天而起,竟然高达70米!

沼泽的奥秘

沼泽是指因地表过湿而生长着沼泽植物，并伴有泥炭形成和堆积的地区。沼泽大致可以分为水体沼泽和陆地沼泽。它们是如何形成的呢？

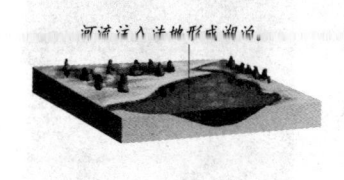

河湖流入洼地形成湖泊。

泥土淤积在湖边和湖底，形成了一片干地。

干地在湖中扩展使湖泊变浅、变小。生长出的芦苇使湖泊变成沼泽。

水体沼泽的形成过程

浩瀚的沼泽地在黄昏的暮色中一片静谧。

■ 水体沼泽和陆地沼泽

水体沼泽分布在一些气候湿润的地区。河水带着许多泥沙流入湖泊，泥沙在湖边或河口地区沉积下来，逐渐形成浅滩。这期间，各种各样的水生植物繁盛起来，不停地生长、死亡。大量腐烂的植物残体在湖底堆积，慢慢形成泥炭。当沉积物增加到一定程度时，湖泊就变成水草丛生的沼泽了。陆地沼泽主要形成于低洼平原上的河流沿岸，如在河水浅、流速慢的一些地带会产生积水，使得水草生长快速而慢慢形成沼泽。沿海低地的一些地方反复被海水淹没，那里水分蒸发小于水分积聚，而且杂草、芦苇丛生，最后就会形成盐沼泽。在一些高原、高山地区，冬季地面积雪，直到次年春夏季节冰雪才开始融化，地面开始积水，这时短草伴着苔藓植物丛生，也同样可以形成沼泽。

沼泽地水草肥美，生态环境良好，往往成为各种动物和植物的天堂与乐园。

■ 沼泽辐射雾

在一些高寒山区的藓类和草本沼泽地上，每当夏季晴朗的夜晚或清晨，就会看到白茫茫的雾。这种雾对藓类和草本沼泽植物的生长具有一定的作用。在白天炎热的时刻过后，沼泽中的植物近乎枯萎了。但是，第二天经过一场雾后，这些植物又复活了，重新饱含水分。那么，水分究竟是从哪里来的呢？原来这是由沼泽地上的辐射雾而来的。极小的雾滴凝聚在藓类和草本沼泽植物表面，其水量之大，不亚于1～2毫米的降水。这种雾是怎样形成的呢？在夏夜，沼泽表面因地面辐射散热而急剧降温，引起贴地空气层变冷，由于冷空气只能保持极少量的水汽，其余水汽便凝结成很小的水滴——雾。因此，夏季的清晨和夜晚，沼泽地常有雾出现。

林中沼泽

百慕大"魔鬼三角"

在美国东南沿海的西太平洋上，有一片神秘的海域。这片海域北起百慕大，向南延伸到佛罗里达州南部的迈阿密，然后通过巴哈马群岛，穿过波多黎各，到西经40°附近的圣胡安，再折回百慕大，形成一个三角地区。几百年来，这里频繁出现轮船遇难、飞机失踪或其他一些离奇的事件。人们把这个恐怖的海域称为"魔鬼三角"或"死亡三角"。

神秘莫测的百慕大三角

潜水员在勘测海底沉船。 　*中尺度旋涡* 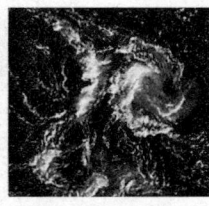　*海洋旋涡能把人和船吸入海底。*

■ "阿基米德定律"的引用

全世界的科学家对百慕大地区进行了许多次研究和探索。有科学家认为，在百慕大三角地区冰冷的海床底下藏有大量甲烷结晶，当海床变暖或发生海底地震时，这些沼气结晶就会被震翻出来，迅速升华释放出水面，巨大的沼气泡沫可以使周遭海水的密度突然降低，失去原有的浮力，如果此时正好有船只经过，就会因为浮力不足而沉入海底。而这一原理正好符合阿基米德定律。为此，科学家们曾在大海上使用真船进行了"模拟百慕大实验"，该试验取得了很大的成功。不过，海底沼气理论虽然可以解释百慕大地区的沉船之谜，但却难以解释更为复杂的飞机失事现象。

中国南海"魔鬼三角"

在中国南海有一片神秘莫测的海域。这片海域西起香港，东至台湾，南至菲律宾吕宋岛，面积约10平方千米。自1979年以来，这里不断出现航船失踪事件。令人百思不解的是，这些航船失踪后，竟未发现任何碎片、油迹或尸体。后来人们惊奇地发现，这片海域的位置恰好与举世闻名的百慕大三角的位置遥遥相对。于是，中国南海"魔鬼三角"的称谓不胫而走。

沉没在百慕大三角海底的飞机残骸

■ 旋涡凹面镜

一些科学家经调查发现，百慕大三角区洋面上有巨大的旋涡，直径大都有200千米，甚至上千千米，形成后有的可持续60多天。这些旋涡犹如一面面巨大的凹面镜，当阳光射入角为10°～70°度时，焦点直径可达几百米到上千米，其温度之高足以使飞机、舰船顷刻熔化。即使稍一靠近，也能引起爆炸和焚烧。为此，科学家做过以下试验，用一个大浴盆装满水，然后搅动，让水涌起旋涡，再令强烈聚光灯以15°～75°入射角照射旋涡，不久奇迹出现了，一张悬在浴盆上空薄纸突然烧起来，接着科学家把旋涡直径加大到100米，引入太阳光，发现阳光焦点直径有1米以上，焦点范围温度高到万度。这就是为什么百慕大旋涡凹面镜能够让进入该区域的飞机瞬间消失的原因。

奇异的湖

大自然中有许多奇异的湖。中国青海的柴达木盆地有一个察尔汗盐湖，湖面上结了一层厚厚的盐盖，就像冬天湖面上结的冰。但令人惊奇的是，在这里竟然能看到火车和汽车在湖面上飞驰的壮观景象。而在中国新疆的沙漠里还有一种突然出现又突然消失的湖——风成湖。这是怎么回事呢？

晶莹的察尔汗盐湖

不同类型的湖

■ 风成湖

风成湖是因沙漠中沙丘间的洼地低于潜水面，水流经四周沙丘渗流汇集洼地而形成的。这类湖泊都是些不流动的死水湖，而且面积小，水浅而无出口，湖形亦多变，常是冬春积水，夏季干涸或成为草地。风成湖变幻莫测，神出鬼没。例如，非洲的摩纳哥柯萨培卡沙漠的东部高地上有一个神秘的"鬼湖"。晚上，明明是水深几百米的大湖，一旦天亮后，不仅湖水消失，而且还会变成百米高的大沙丘。其实，这不是鬼在作怪，而是因为地下有一条巨大的伏流。有时（一般在晚上）地层变动，地下大河（伏流）便涌溢上来，形成大湖。有时（一般在白天）刮起大风沙时，风沙又把它填满而形成沙丘，湖就消失了。

■ 能驶火车的盐湖

几十厘米厚的盐盖能承受得住满载货物的汽车和拖挂几十节车厢的火车的巨大压力吗？事实上，这种担心是多余的。因为30～50厘米厚的盐盖，每平方厘米面积上可以承受16千克的重压，换句话说，这种厚度的盐盖所能承受的压强大约为1600千帕斯卡，完全承受得了汽车和火车的辗轧。而且盐盖上的公路路面或铁路路基一旦受到损坏，修补起来也非常简便，只要在路边的盐盖上打个洞，舀出湖水浇在破损的地方，水一干，水中析出来的盐就会把坑洼处补平，既平坦又光滑。

建在盐盖上的火车轨道

在沙漠中极易形成风成湖。

违背常理的地方

俗话说："下坡容易上坡难"，"人往高处走，水往低处流"。然而，大自然中有些地方竟然出现"上坡容易下坡难"和"水往高处流"的奇特现象。当你知道了以下这些地方的奇异现象后，一定会惊叹大自然的神奇造化。

用栏杆拦住的那一段路就是中国辽宁沈阳的怪坡。

有时候，特别的地势会使视觉产生误差，以致有"水往高处流"的现象。

■ 水往高处流

在中国新疆克孜勒苏柯尔克孜自治州境内的乌恰县近旁，有一条南北走向的水往高处流的小河——什克河。潺潺的河水从上游低洼处沿着河旁的小山坡逶迤而流，宛若一条刚刚出洞的蛇，最后竟然爬上了十几米高的小山坡。河水在山包上拐了两个弯后，才在山包另一侧缓缓地向下游流去。物理学家认为：这很可能是"重力位移"现象。他们根据"万有引力"学说，认为物质结构的密度越大，则引力越强。在此河流的地下，很可能有一块密度很大的巨石，从而造成了这种奇特的现象。

■ 怪坡

在中国辽宁省沈阳市新城子区清水台镇的帽子山西麓，有一段长80多米、宽约25米的坡路，这是一个"上坡容易下坡难"的奇怪路段。这段斜坡坡道平坦，两边绿草如茵，没有任何异常。但是，汽车下坡须加大油门，而上坡时即使熄火也可以到达坡顶；骑自行车时，下坡要使劲蹬，上坡却要握紧车闸；人行坡上，也是上去省力，下来费劲。对怪坡形成的原因，众说纷纭。有人曾经认为在怪坡西侧有一个强大的磁场或引力场，足以吸引各种车辆或行人轻松西行。但物理学家李政道博士曾带着篮球和铁球亲临怪坡测试，结果两个球体都是向坡上滚动，所以这种说法被否定了。另一种说法认为，怪坡特殊的地形、地貌造成了视觉上的误差。但是在坡上无论是测量水平高度还是测量海拔高度，坡度和落差都有。人们测得怪坡的坡度约为1.87°，而两侧的海拔高度落差为1.2米，这足以证明怪坡现象不是由视觉误差造成的。各种说法都不能令人信服，所以怪坡现象至今还是一个未解之谜。

重力之山

美国犹他州也有一座被人们称为"重力之山"的奇特山丘。山丘上有一条直线距离为500米左右、坡度陡峭的斜坡道。倘若你驱车至此，将车停下，松开制动器，就会发现，汽车犹如被一种无形的力量牵引似的，自动地缓缓向山坡上驶去。而且越是质量大的物体，越是容易发生自行上坡的奇异现象。

犹他怪坡

"死亡之海"——罗布泊

位于中国新疆塔里木盆地东部的罗布泊，一直以来被人们称为"死亡之海"。因为这里非但不孕育生命，而且还无情地扼杀生命。20世纪80年代，中国科学家彭加木在罗布泊失踪，至今杳无音信，成为世纪之谜。罗布泊究竟是一个什么样的地方呢？

2000多年来，不少中外探险家来罗布泊考察，写下了许多关于罗布泊的报道。但是，由于局限和偏见，他们也制造了许多讹误，为罗布泊罩上了神秘的色彩。

紧生敝的土丘分布在罗布泊的东、西、北岸一带。地理学家采用维吾尔语，称之为"雅丹"地貌。罗布泊洼地上属于雅丹地貌的约有2000多平方千米，构成了一大奇景。

■ 沙暴

风沙是杳无人烟的罗布泊地区的主宰。这里每年8级以上的大风有80余次。由于气候极为干燥，覆盖地面的植被十分稀少，所以风暴来临时沙尘翻滚，天昏地暗，人称沙暴。1980年初夏，中国的一支科学考察队从敦煌出发，穿过茫茫的噶顺戈壁，进入罗布泊地区。一天，考察队的车队在戈壁滩中艰难地行走。突然，前方不远处有一股巨大的沙暴急速地朝车队滚来。转眼工夫，大风席卷着满天沙石呼啸而来，刚刚还是晴朗的天空，霎时间一片黑暗。10米之外，人影模糊，前后的车辆一下子"消失"得无影无踪。只听沙石敲击着车身，发出叮当的响声，真是"一川碎石大如斗，随风满地石乱走"。

在罗布泊，只能看到胡杨等一些少得可怜的植物。

■ 酷热

一到夏天，罗布泊的气温就升高到50℃左右，地表温度甚至高达70℃。地面滚烫，难以涉足。这里的年降水量不足10毫米，不少地方终年无雨，但蒸发量却高达3000毫米以上。因此，在这里尽管炎热异常，却不会汗流如注。因为汗水刚刚渗出，就被蒸发殆尽。考察队员的衣服不是被汗水湿透，而是被沙尘和汗水中的盐分弄成硬邦邦的"铠甲"。在严酷的自然条件下，干涸的罗布泊盆地几乎不存在任何动植物。大地被各种奇形怪状的风蚀土堆和坚硬盐壳覆盖着，就像被烧焦了而丢弃在地球上的一块无边无际的盐饼。

罗布泊地区是一个"谜"的世界！一个个自然、社会、历史的难解之谜，充斥着这块神奇的土地。

石林的奥秘

中国云南有一座奇特的岩石"森林"。这里的石头生得奇形怪状，巍然耸立的石峰酷似莽莽苍苍的黑森林一般，所以人们形象地称之为"石林"。没有到过石林的人想象不出石林是个什么样子，不相信世界上会有万石成林胜似仙境的地方，然而大自然确实无奇不有！

此石顶长高挑，形似背篓的撒尼族姑娘阿诗玛，故名阿诗玛石峰。

■ 石头"森林"之谜

石林位于云南省会昆明东南郊80千米处。这里的石头与众不同。但见一座座石头拔地而起，一派波浪翻滚的景象。有的石峰巍然高耸，刺破青天；有的嵯峨嶙峋；有的摇摇欲坠，令人目荡神摇。它们又是有灵性和生命的，有双鸟渡食、孔雀梳翅、凤凰灵仪、象踞石台、犀牛望月等肖物石，又有唐僧石、悟空石、八戒石、沙僧石、观音石、将军石、士兵俑、诗人行吟、阿诗玛等无数像生石，均栩栩如生，惟妙惟肖，令人叹为观止。还有许多石头的形状酷似植物，如雨后春笋、莲花蘑菇、玉簪花等。面对气势磅礴、逶迤连绵的石海，人们会情不自禁地问，这些鬼斧神工的石林是从哪里来的啊！

夕阳下的石林

美丽的石林风光

■ 水的伟力

石林里的岩石都属于石灰岩，把石灰岩雕成岩石园林的伟大力量是水。沿着岩石上张开的裂隙，无孔不入的水流向下渗透，逐渐溶蚀两旁的石灰岩。这样，裂缝朝向地下伸展得更深，张开得更大，在地面上渐渐出现了许多凹下的"溶沟"和突起的"石芽"，原来平坦的地形也随之成了一片起伏崎岖的溶蚀原野。裂隙两边许多石块的崩落，也使"溶沟"更宽，"石芽"更突出。久而久之，一片密密麻麻的、景色壮丽的石柱园林就形成了。

石林的颜色

如果你分别在冬季和夏季来到石林，会注意到石林的颜色大不一样。原来，当雨季来临时，附在岩石表面的藻类和苔藓由于水分充足，生长旺盛，呈现一种墨绿色，使整个石林的色彩如同水墨画一般清秀淡雅。冬季寒冷无雨时，石头上的藻类与苔藓干枯了，石林便呈现出一种凝重的灰白色。

石林不仅是岩溶地貌的一种典型景观，而且是一个阅读地球的大课堂。

溶洞形成的奥秘

大自然的景观千奇百怪，许多奇妙的地方令人惊叹。参观过溶洞的人都不会忘记那千姿百态的石钟乳、石笋和石柱，不会忘记那宽敞高大的洞穴、曲折迂回的通道。人们不仅喜欢溶洞，而且关心那些引人入胜、宛如地下龙宫的溶洞的形成原因。

溶洞洞穴剖面图

在一个溶洞洞穴内，高达15米的石柱耸立，直达洞顶。

■ 溶蚀说

过去人们有一种观点，认为溶洞是地下水沉淀和溶蚀的结果。虽然溶洞都是十分坚硬的碳酸盐质岩石，但由于长期沉浸在地下水中而被慢慢溶解，特别是当水中含有二氧化碳时，其溶解速度会更加迅速。这样，一年又一年，坚硬的岩层就会被溶蚀出一个个洞穴。当溶有石灰质的地下水再次滴入洞中时，由于环境中压力、温度的变化，使水中的二氧化碳逸出，从而降低了水对石灰质的溶解力。这样，原本溶解在水中的部分石灰质会因为过于饱和而沉淀析出，经过长时间的累积就形成了一根根形态各异的石钟乳、石柱和石笋。

溶洞内有着形态各异的石钟乳，在光线的照射下显得奇幻瑰丽。

藻类在地球上分布极广，图中一种红色藻类附生在柏树上。

■ "生物建造"新理论

"溶蚀说"受到了中国溶洞科学家的挑战，他们提出了"生物建造说"这一新理论。生物建造说认为，虽然溶洞洞穴空间的形成和水的溶蚀作用相关，但溶洞里那些石钟乳、石笋和石柱的形成，主要是由藻类生物在漫长的地质岁月中逐渐建造出来的，然后经过石化作用，才形成今天的面貌。藻类是地球上最早出现的一种原始植物，与其他植物一样具有光合作用的能力和趋光生长的特性。它们在生长发育的过程中会分泌钙质，可以收集、黏结细微的石灰质颗粒。溶洞中的石钟乳几乎都是迎着光线向上弯曲生长的，这符合藻类趋光生长的特性。石钟乳、石笋内部还有像树木年轮一样的同心圆状构造，这也是藻类生物逐年生长，分泌、收集和黏结石灰质微粒的结果。

五彩缤纷的溶洞

蛇岛的奥秘

在中国辽宁省旅顺西北25海里处的渤海湾海面上,有一个面积约1平方千米的岛屿。岛上地势陡峭,多洞穴和灌木。就在这样一个由石英岩和石英砂岩组成的小岛上,盘踞着成千上万条蝮蛇。因而,人们称它为蛇岛。

■ 蝮蛇的乐园

蛇岛以蝮蛇的数目众多而闻名中外。的确,一踏上蛇岛,你就会发现,无论在树干上或草丛中,还是在岩洞里或石隙内,处处都有蛇。它们蜷伏着,爬行着,有一些还张口吐舌,露出一副凶相。这些蛇会利用各种保护色进行伪装,它们倒挂在树干上就像枯枝,趴在岩石上恰似岩石的裂纹,蜷伏在草丛间又活像一堆牛粪。据统计,蛇岛上的蝮蛇有两万多条,并且每年增殖1000条左右。这在世界上也是独一无二的。人们不禁要问,在这弹丸之地的孤岛上为什么能够生活这么多的蝮蛇呢?

正在吞食同类的蝮蛇

人们正在提取蛇的毒液。

蛇岛四面环海,湿度较大。

蛇岛生物链

蛇岛上的蝮蛇有一套上树守株"逮鸟"的本领,其鼻孔两侧的颊窝是灵敏度极高的热测位器,能测出0.001℃的温差。因而只要鸟停栖枝头,凡距离1米左右,蝮蛇都能准确无误地把它逮住,获得一顿美餐。蝮蛇→鸟雀→昆虫→植物,构成了蛇岛的生物链。

蝮蛇

■ 特殊的地理位置

中国科学工作者经过考察研究后认为,蛇岛特殊的地理位置和自然条件为蝮蛇的生存和繁衍创造了良好的环境。首先,蛇岛上的石英岩、石英砂岩和沙砾岩中,有许多大大小小的裂缝。这些裂缝既能蓄留雨水,又能为蝮蛇的穴居提供良好的场所。其次,蛇岛位于温带海洋中,气候温和湿润,每年无霜期有180多天,是东北最暖和的地方,对植物的生长和昆虫、鸟类的繁殖极为有利。再次,岛上土壤相当深厚,土质结构疏松,水分丰富,宜于植物生长和蝮蛇"打洞"穴居。蝮蛇生性畏寒,洞穴为它们提供了越冬的条件。在生多死少的情况下,蛇岛日益繁盛。

[第四章]

Part 4

人体解密

世间因拥有生命而彰显活力，人类是万物之灵长，人类起源的奥秘何在？人为什么有男女之别？胃为什么没有被它自己消化？眼睛怎样看到东西？为什么每个人都拥有自己独特的声音？人为什么早高晚矮？人体的生物钟是怎样工作的？人的第三只眼在哪里？我们为什么会把一些事情忘得一干二净？灵感为何经常在睡梦中产生？人的极限寿命是多少？……让我们走进生命的世界，去揭示生命的本质，感悟生命的真谛吧！

人类起源的奥秘

人类是怎样起源的呢？对此，古今中外的人们都有不同的看法。在中国古代有过"女娲造人"的传说；在西方，基督教的经典著作《圣经》中说：上帝用6天的时间创造了世间的一切。这些传说只是人们想象的产物，没有科学的依据。那么，人类究竟是从哪里来的呢？

把人的胚胎、兔的胚胎、蜥蜴的胚胎放在一个图中来比较，可以清楚地看到人的尾巴到后来就渐渐地消失了。

■ 人的尾巴

随着科学水平的提高，科学家们发现：当人在妈妈肚子里只有2个月左右时，人与猩猩、猴子像极了，屁股上还有一截相当长的尾巴，后来才慢慢地消失了。与此同时，解剖学、生物学等的高速发展，为这一研究提供了许多证据，从而得出了可靠的结论：人类与猩猩等有共同的祖先。那么，这个祖先是什么呢？许多人认为是林猿（森林古猿）。他们估计，大约在一两千万年前，"林猿"分成两支，一支发展成为现代的大型猿类，一支发展成为人类。

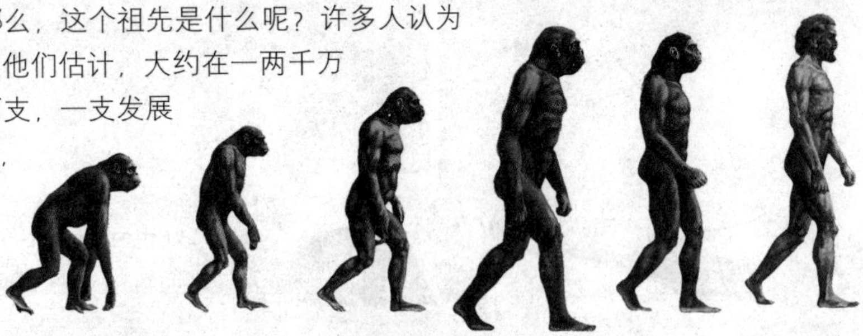

从猿到人的转变

从细胞到人体的发展过程

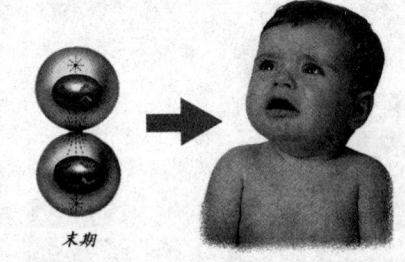

前期　中期　后期　末期

腊玛古猿

腊玛古猿是从林猿走向人类的一支早期猿人代表，许多科学家认为他们就是人类的远祖。据估计，他们的形态特点已比较接近人，其身高约为1米，已经能直立行走并会使用天然工具。可以说，生活在今天的人们都是腊玛古猿的后代。

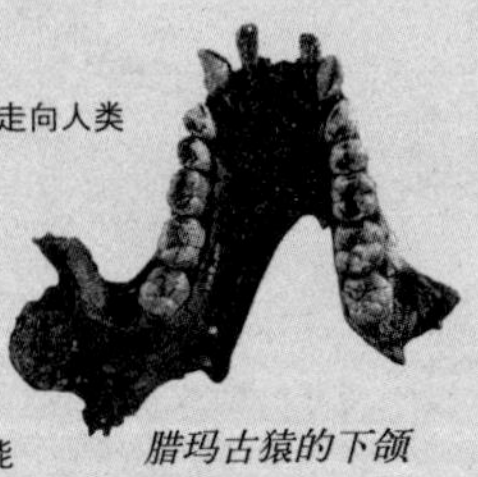

腊玛古猿的下颌骨化石

■ 古猿变成人

究竟是什么原因促使古猿改变了用四肢爬行的习惯而用两只脚行走，从而最终演变成人的呢？有的科学家这样猜测：大约在500万年前，自然环境发生了很大改变，古猿被迫从树林里转移到大草原上生活，为了不让茂盛的花草挡住视线，他们不得不直立行走。另有一些科学家认为，那时古猿已经开始使用石器等简单工具，为了让双手解放出来，所以不得不用双脚走路……不管怎么说，那时的大自然肯定发生了某种变化，使古猿不得不改变自己的生活方式，用两只脚直立行走。正是这一走，使古猿走出动物界，从自然界中脱颖而出，并昂首挺胸以崭新的面貌在地球上迈步前进。

性别的奥秘

世界上为什么会有男人和女人？性别的差异是怎么形成的呢？要说明这个问题，首先要从遗传说起。人类的遗传因子被保留在染色体上，正是染色体的差异才使人们的性别产生了区别。

孩子的性别取决于父亲的精子是携带X染色体还是Y染色体。

■ 人体染色体

人体中的染色体都是成对排列的，每个人都有23对染色体。男女之间有22对染色体是没有差别的，被称为"常染色体"，而第23对染色体是有区别的，被称为"性染色体"。其中女子的两条性染色体形状一样，又被称为"XX"染色体，而男子的两条性染色体形状不一样，又被称为"XY"染色体。在人的繁衍过程中，精子与卵子结合的瞬间，男方精子中的23对染色体就会与女方卵子中的23对染色体重新择对，组合为新的23对染色体，这就是男女双方未来孩子的全部染色体。如果女方卵子中的"X"染色体正好也和男方精子中的"X"染色体组成了新的"性染色体"，那么出生的孩子就是女性；如果女方卵子中的"X"染色体和男方精子中的"Y"染色体组成了新的"性染色体"，那么出生的孩子就是男性。

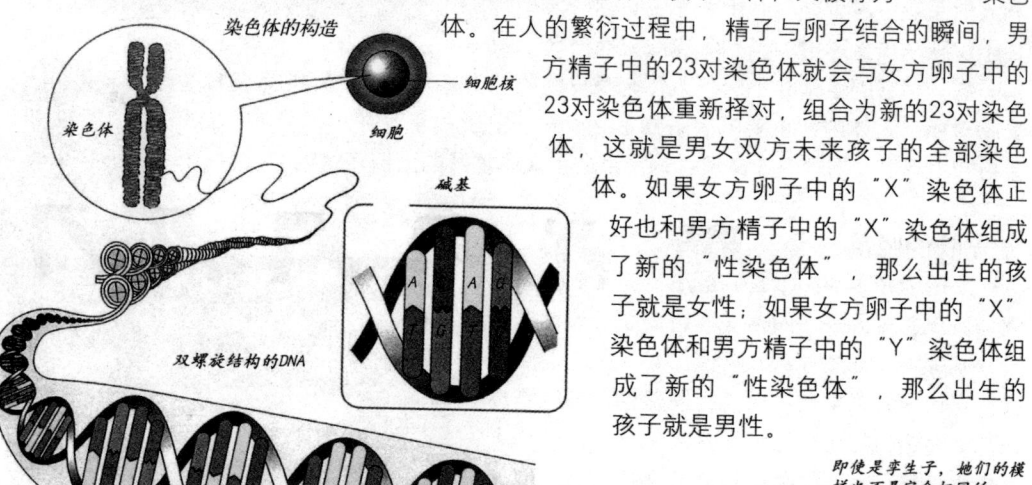

染色体的构造
细胞核
染色体
细胞
碱基
双螺旋结构的DNA

人类男性的染色体（1～22为常染色体，X、Y为性染色体）

即使是孪生子，她们的模样也不是完全相同的。

■ 没有一模一样的人

父母双方的精卵细胞中染色体的数目各为23条，受孕的配子染色体为23对，共46条。人的相貌特征就是由细胞内染色体的遗传物质——基因决定的。每个染色体都有它特定的构造和形状。据研究，每个染色体上的基因大约有1250个，按排列组合规划，可产生无数不同的配子。目前，一些学者认为，人的基因数目在100万～200万个之间，也就是说，即使两个孪生子，其染色体上的基因排列出现完全相同的机会，也仅有70万亿分之一到80万亿分之一。因此，世界上长得一模一样的人可以说是不存在的。

皮肤的奥秘

相对于身体内部的其他器官来说，每个人对自己的皮肤是再熟悉不过了。但是如果有人问你："人体最大的器官是什么？"你会说是皮肤吗？

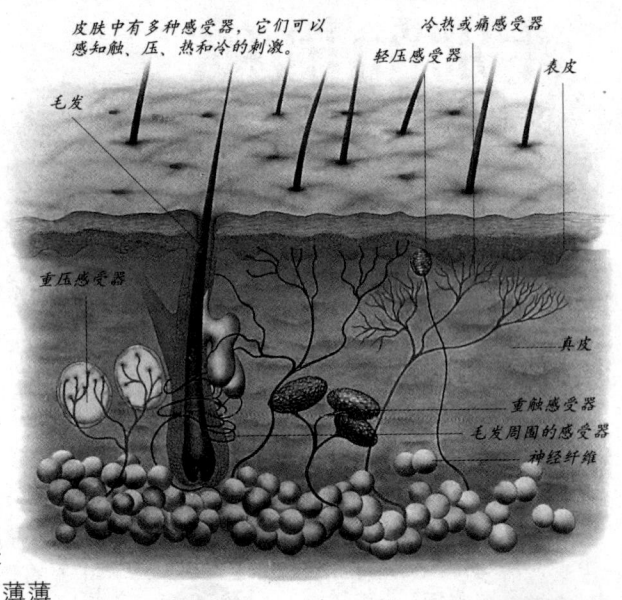

皮肤中有多种感受器，它们可以感知触、压、热和冷的刺激。

冷热或痛感受器
轻压感受器
表皮
毛发
重压感受器
真皮
重触感受器
毛发周围的感受器
神经纤维

■ 皮肤的重量

事实上，广义的皮肤除了身体的表皮外，还包括附着在表皮上的毛发和人的手指甲与脚趾甲，因为它们都是由于皮肤角质化形成的。别看皮肤只有薄薄的一层，但它的重量并不轻。人体全身皮肤的总重量平均达到2700克左右，与此相对照，人体内部重要的内脏器官之一——肝脏的重量才1500克左右。如果再加上毛发、指甲等广义皮肤的重量，占人体重量的比例将达到3%左右。

手掌、手指的正面，手背的一部分，脚趾、脚底等等，这些地方的皮肤都形成有纹络。

■ 皮肤的脱落

人的表皮其实每天都在不断进行着新陈代谢，旧皮肤每天都在脱落，而新皮肤每天都在生长，这是一个我们用肉眼无法观察到的缓慢过程。每天因为摩擦或者擦洗而脱落的表皮细胞高达几百万个，如果把它们积累起来计算，一个人一生中约有将近18千克的皮肤脱落掉。将这部分皮肤的重量与一个人全身皮肤的平均重量相比，人一生中相当于从里到外完整地蜕了7次皮。值得注意的是，人体各个部位的皮肤厚度各不相同。相对而言，眼睑部分的皮肤最薄，也最娇嫩，大约只有0.1～0.5毫米厚；而手掌、脚底的皮肤最厚，能达到4毫米左右。

这位研究者手中的地图标示出人类肤色分布，根据的资料是全球紫外线的强度和降水量。紫外线量愈大，皮肤就会制造出越多的黑色素，以保护自身。

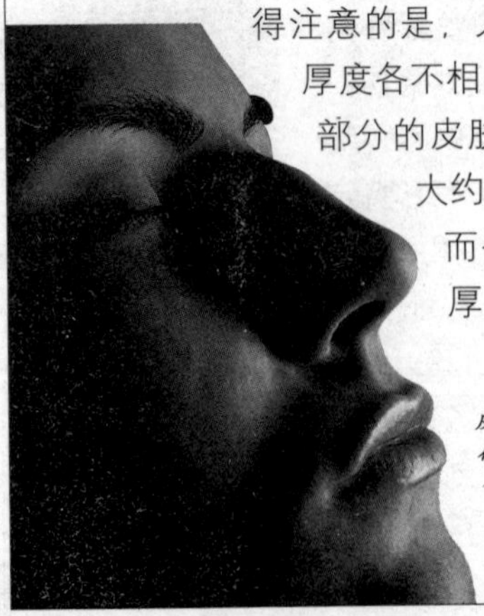

皮肤是人体的重要器官之一，在60天内可完全更新一次。图为电脑所模拟的最精确的仿制皮肤，它是利用高解析度数位扫描技术制作的。

皮肤的主要成分

皮肤的主要成分是水，它一般要占成年人皮肤总重量的50%～60%。人越年轻，皮肤中的含水量就越高，新生儿皮肤中的水分一般要占80%左右。这也就是为什么新生儿的皮肤特别娇嫩的原因。随着年龄的增长，皮肤中水分的含量在逐渐下降。到了老年后，由于皮肤中水分较少，皮肤会变得干燥，而且很容易产生皱纹。

人类的皮肤

胃的奥秘

胃是人体初步消化食物的器官，我们每天摄入体内的各种蔬菜、水果、肉类和谷物都是在这里开始被消化的。你也许会有这样的疑问：我们既然能消化肉类，那为什么消化不了同样是肌肉组织的胃呢？其中的奥妙是什么呢？

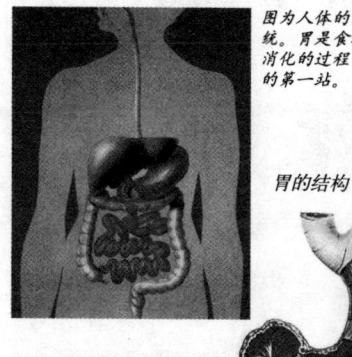

消化系统是人体内的食品加工厂。

因为人体的消化系统。胃是食物在被消化的过程中到达的第一站。

■ 胃能消化食物的秘密

由于胃深藏在体内，因此在很长的时间内，人们对"胃是如何工作的"并不清楚。直到19世纪20年代，一位美国医生在治疗一个胃部受枪伤的士兵时，才有了直接观察胃消化食物这一过程的机会。通过多年细致的观察、实验和研究，人们才搞清胃能消化食物的原因。原来胃液中含有稀盐酸和胃蛋白酶，这两种物质不但能消化食物，而且还有很强的杀菌作用。

胃的结构 / 胃肌 / 食道 / 贲门 / 胃体 / 十二指肠 / 幽门

胃壁剖面示意图
胃腺体 / 黏膜 / 胃凹 / 黏膜肌层 / 黏膜下层 / 纵形肌层 / 环行肌层 / 浆膜层 / 浆膜下层

■ 胃的"卫士"们

胃壁内层黏膜细胞是胃的第一批"卫士"。它们所分泌的脂类物质能在胃酸和胃组织之间形成一道防线，一方面能防止胃酸对胃的腐蚀，另一方面还能防止表面比较粗糙的食物对胃壁的"磨损"。胃的第二道防线是胃腺中的黏液细胞。一旦胃酸冲破第一道防线，黏液细胞就会在胃壁表面形成一层黏液膜，保护胃壁。假如这样还不行，那么这层细胞就会自我牺牲，由新生的细胞取而代之。因此，从本质上讲，胃不是不能消化自己，而是在自我消化与自我修复的过程中达到一种动态平衡。

眼睛的奥秘

俗话说："眼睛是心灵的窗户。"它是人体接收外界信息最主要的途径，同时也是人们对外传递信息、与外界进行交流的主要器官之一，人们常说的"眉目传情"就是这个意思。那么，眼睛是由什么构成的？它又是怎样看见物体的呢？

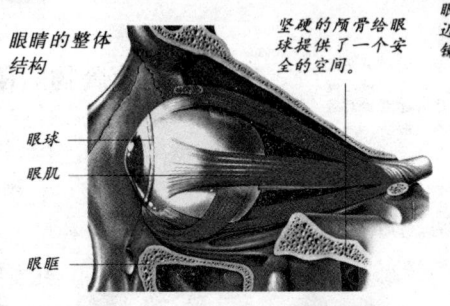

眼睛如果使用或保护不当，就会近视。图中一个女孩正在戴接触镜片——隐形眼镜。

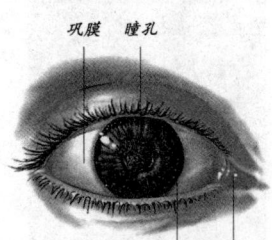

■ 眼睛的构成

人的眼睛主要由眼皮、眼角膜、眼球晶状体、眼球调节肌肉、视网膜、视神经等部分组成，构造十分复杂。角膜是位于眼球正前方的一层透明的膜，它好像照相机的镜头一样，将外界的光线透射到眼球内部。眼球上有一个黑色的瞳孔，它能根据外界光线的强弱而扩张或者缩小，就像照相机上的光圈一样，可以调节光线对眼睛内部的辐射强度，使眼睛既能看清楚东西，又不至于受到强光的损害。

眼睛的整体结构　坚硬的颅骨给眼球提供了一个安全的空间。

眼球　眼肌　眼眶

巩膜　瞳孔

虹膜、巩膜和瞳孔　虹膜　泪腺

■ 视网膜感光与成像

视网膜是将外界的光信号转化为大脑可以感应的神经信号的重要器官，它上面有1.37亿个光敏细胞。这些光敏细胞的作用就像照相机里的感光底片一样，当外界环境中的物体在视网膜上成像后，这些光敏细胞就可以将物体的形状、色彩、大小等信息转化为神经信号交给视神经，然后由视神经迅速地将这些信息传到人脑中去。经过人脑视觉控制中枢的汇总、感应后，人们的脑子里就会呈现出一幅幅完整的关于外界物体的画面。由于人的左右两只眼睛观察到的物体存在细微的差别，大脑在合成左右两只眼睛各自观察到的图像的过程中，就能感知物体间的相对距离。通过眼睛对外界物体清晰、准确地成像，人类在长期的生物进化中建立了对周围环境的立体观察和识别能力。

视杆感光细胞　视锥感光细胞　神经　感光细胞的形态

瞳孔的变化

视网膜　晶状体　角膜　瞳孔　视神经　虹膜

眼睛的成像原理　当物体上的光线进入我们的瞳孔时，晶状体会在视网膜上聚集出一个该物体的倒置影像。

嗓音的奥秘

青少年原来稚嫩、纤细的嗓音突然有一天变得瓮声瓮气，甚至是粗声粗气，有的还会变得低沉沙哑。这是怎么一回事呢？

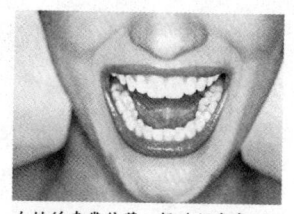

女性的声带偏薄，振动频率高，所以发出的声音比男性清脆、尖细。

■ 甲状软骨的生长

进入青春期后，在身体内部激素的作用下，人的身体开始了生长发育的第二个高峰，身体形态出现了许多明显的变化，长咽喉就是其中之一。人的咽喉是由许多软骨构成的，其中最有用的一块软骨是甲状软骨。进入青春期后，甲状软骨与身体的其他部位一样开始迅速生长，而且逐渐向前突出，这一点在男孩身上表现得特别显著。不少男性的颈前部都有一块突起物，这就是甲状软骨向前突起的部分，被称为"喉结"。

儿童的声带短而薄，因而童音稚嫩、纤细。

■ 声音的变化

青春期结束的时候，由于甲状软骨的迅速生长，男性的喉腔一般比青春期前增大一倍半，而女性也要增加1/3左右。随着喉腔的增大，位于喉腔内的声带也在变厚变长。声带振动的范围被称为"幅度"，而声带在单位时间内振动的次数则被称为"频率"。当声带变长增厚以后，其振动的幅度会比原来大很多，但振动的频率却有所降低。频率越高的声音听起来越清脆，所以在青春期声带发育完成后，男性的声音一般要比原来降低8度左右，而女性也会降低3度左右。这样一来，原先清脆的童音也就变成了比较深沉的成人嗓音了。

声带本身发出的声音是模糊不清的，是我们的嘴、唇、牙、舌头和面颊使声音变得清晰。

声带运动
声带在正常呼吸时是开启的。

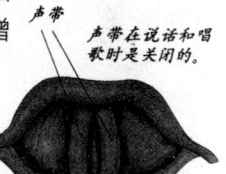

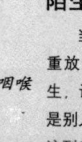

声带
声带在说话和唱歌时是关闭的。

陌生的声音

当我们第一次把自己的录音重放给自己听时，会感到很陌生，认为那不是自己的声音，可是别人却确认那就是你的声音。这到底是为什么呢？原来，我们说话的声音，除了通过空气振动传到自己的耳朵外，还可以通过自己的颅骨传送给听神经支配的科蒂氏器官。我们自己听惯了"气传导"和"骨传导"混合的声音，所以第一次听到录音里自己仅仅通过"气传导"的声音，会感觉很陌生，但如果反复听，就会发现这其实就是自己的声音。

咽喉结构 — 咽喉、声带、通向肺部的气管

■ 人如何发出声音

人的咽喉里有两条伸展的软骨组织构成声带，附在声带上的肌肉可改变声带的长度和大小。肺内的气体经过声带使声带产生振动，于是发出声音，如说话、唱歌等。两条声带组织靠得较紧时产生高调音，声带间隙较宽时产生低调音。呼出气体的速度决定声音的大小，气流快时产生的声音大，反之则小。发出的声音在口腔、面肌、牙齿、舌和口唇的帮助下形成清晰的话语。

打鼾的奥秘

睡觉是每人每天的"必修课",但奇怪的是,有的人悄然入睡,而另外一些人刚睡下就鼾声大作。爱打呼噜的人睡觉时鼾声高起,会将与他同处一室的其他人置于一种难以忍受的"噪音"折磨中。可是,你知道人为什么会打鼾吗?

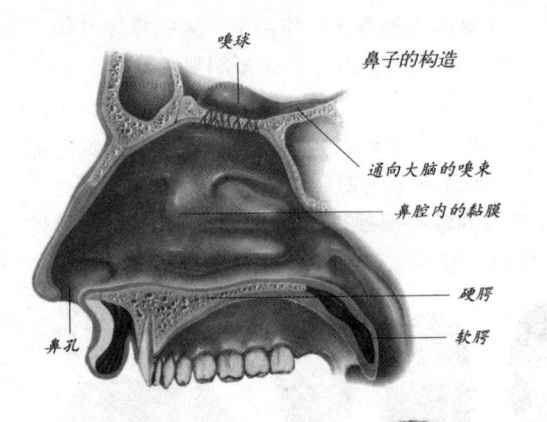

高质量的睡眠有利于缓解疲劳。

鼻子的构造
嗅球
通向大脑的嗅束
鼻腔内的黏膜
硬腭
软腭
鼻孔

鼻

在外观上看,鼻是由骨和软骨在面部中央形成的锥形结构。它的底部是鼻孔,由软骨组成,被鼻中隔分开。鼻子内部是由鼻腔或鼻道构成的。入口叫做鼻前庭,其内生长着用于过滤空气的鼻毛。鼻腔的大部分表面覆盖着由上皮细胞或纤毛细胞构成的黏膜,这种黏膜中含有鼻黏液腺等。鼻腔沿着长径变得越来越窄,一直到达鼻后孔,与咽部相通。

■ 气流在鼻咽部的发声

人体的呼吸道是由鼻、咽、喉、气管、支气管组成的。为了适应人体内部的结构,避免人体在剧烈运动的过程中发生呼吸不畅的情况,整个呼吸道都是柔软而富有弹性的,在结构上是弯曲的,而且可以进一步变化,以适应人体躯干和头颈部活动的需要。由于呼吸道不是一根笔直的管子,因此当空气通过呼吸道时会受到阻力。尤其是当气流经过人的鼻、咽部时,由于受到口腔结构的影响,阻力会进一步加大,气流就会冲击口腔中的软腭部位,发出一定的声音。

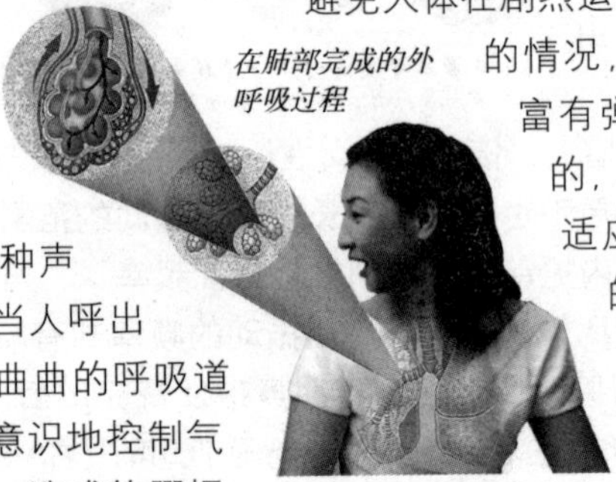

在肺部完成的外呼吸过程

■ 打鼾的原理

白天,当人处于清醒状态时,会通过有意识地调整呼吸节奏和气流量使这种声音不能发出。而到了晚上,当人呼出的空气由肺流出,经过弯弯曲曲的呼吸道到达口腔后,由于不可能有意识地控制气流,气流就冲向松弛的软腭,造成软腭振动发出声音,这就是所谓的打呼噜。尤其是取仰卧位睡觉时,打呼噜的声音会更响。对于老年人和儿童而言,由于身体状况的因素,口腔内的软腭相对于青壮年来说更柔软,因此他们更容易发出鼾声。要想避免在睡觉时打呼噜,最重要的是要使从肺里呼出的气流顺畅地通过呼吸道,为此可以取侧卧姿势睡觉。

睡姿对呼吸的匀畅有很大的影响。

呼吸道上的纤毛具有吸尘的功能。

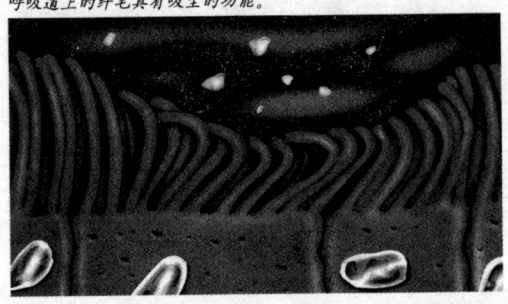

身高变化的奥秘

如果你是一个有心人,你就会发现:晚上睡觉前测量的身高比同一天早上刚起床时测量的身高要低,而到了第二天早上你又会发现自己明显变高了。这是怎么回事呢?

■ 椎间盘与纤维环

在人体的每两块椎骨之间,有一块被称为"椎间盘"的圆盘形纤维软骨,总厚度约占脊柱全长的1/4。正是由于它的作用,两块相邻的椎骨才能牢牢地连接在一起。椎间盘由两部分组成:椎间盘中央是柔软而富有弹性的胶状物质,称为髓核;椎间盘周围有由无数层纤维软骨构成的圆环形套子,它们一层层地套在髓核的外面,限制髓核向周围膨出,这部分被称为"纤维环"。由于有髓核和纤维环的共同作用,使得椎间盘不但坚硬,而且富有弹性。一旦承受压力,它会被压缩,除去压力后,它又会恢复原状。

人体的脊柱

颈椎骨

胸椎骨

腰椎骨

骶骨

尾骨

人在清晨的身高是一天之中最高的。

人的脊柱

人的脊柱并不是一根僵直的柱子,而是由24块椎骨、1块骶骨和1块尾骨共计26块骨头一节节地连在一起的。为使躯干能向四周转动、弯曲,骨与骨之间必须能够活动。于是,26块骨头由软骨、韧带和关节接成一条长链,这就脊柱。

脊柱的平面关节只能做小范围的微动。

■ 早高晚矮的现象

白天,因为人体处于站立状态,受到地球引力的作用,椎间盘不断受到挤压,就像弹簧垫一样被渐渐压薄,整个脊柱的长度也就缩短了。这也就是为什么到了晚上,身高会处在一天的最低点。夜间由于人体取卧姿休息,椎间盘所受到的压力被解除了。经过一夜的休整,它有充裕的时间慢慢恢复本来的厚度,这就使人的身高在早上起床后达到一天的顶点。也就是说椎间盘受到压力后变形是导致人体身高在早晚间发生波动的原因。

人体的身高跟遗传因素有关。

人体生物钟的奥秘

如果你每天都需要在某一特定时间醒来,那么刚开始时你可能需要借助闹钟的提醒。可是,日子一久你就会惊奇地发现,即使没有闹钟,你也仍能大致在那个时刻醒来。这说明,人体内部有一定的生命节律,有一种类似时钟的结构。这种结构不依赖外部条件而自行运转,指挥人体的正常生理活动,这就是人体的生物钟。

生物钟是人体内部调节生理活动的生物节律。

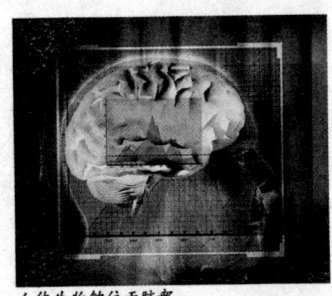

■ 什么是生物钟

时间生物学认为,植物、动物乃至人的生命活动都具有一个"持久的"、"自己上发条"和"自己调节"的生物钟。生命随昼夜交替、四时更迭进行周期性运动,表现出生理活动的周期性节律。古代医学视天地为大宇宙,人体为小宇宙,谓大小宇宙息息相通。健康人体的活动大多呈现24小时昼夜的生理节律,这与地球有规律自转所形成的24小时周期是相适应的,表明生理节律受外环境周期性变化(光照的强弱和气温的高低)的影响而同步。诸如人体的体温、脉搏、血压、氧耗量、激素的分泌水平,均存在昼夜节律变化。周期节奏近似昼夜24±4小时称为"日钟",近似29.53±5天称为"月钟",近似周年12±2月称为"年钟"。

人体生物钟位于脑部。

■ 生物钟的作用

生物钟依靠像时钟那样周期往复的节奏工作,其工作节奏是不受周围环境影响的,故认为其周期振荡节奏是内生的或在不同器官内独立进行。生物钟的存在有极重要的生物学意义,它能使生物与周期性的环境变化相适应,特别是一些对生存和繁殖关系重大的,如迁徙、觅食、交配、生育等活动做出提前安排。如糖皮质激素在人清晨起床前就已升高,为白天活动做好预先的准备。然而生物的这种适应性也是有限度的,生理周期只能在一定范围内追随外界的周期性。当偏差太大,外环境变化造成刺激过强过弱,以致使生理振荡变为越轨的自由运转,从而干扰了生物钟的正常运转,造成个体不同器官内部节奏的紊乱,破坏有序的合作,就会引起某些疾病。

夜晚万物入眠,清晨鸟鸣鸡叫。整个生物界都在按照一个时刻表有规律地运转着。

第三只眼的奥秘

我们从神话传说中可以看到许多神仙都有三只眼睛，除了一双和常人无异的眼睛外，还有一只眼睛长在额头上，而且这只眼具有无上的神力。神话毕竟是神话，自然与现实不同。可是，也许你想不到，其实你、我、他等芸芸众生，虽然不是神仙，却同样也长着三只眼！

蜥蜴的头顶有一个浅色的圆斑，那就是它的第三只眼所在的位置。

■ 松果腺体

希腊古生物学家奥尔维茨在研究大穿山甲的头骨时，在它的两个眼孔上方发现了一个小孔，这一小孔与两个眼孔成"品"字形排列，这引起他很大的兴趣。经反复研究，这个小孔被证明是退化的眼眶。这一发现轰动了整个生物界，此后，各国生物学家纷纷加入了研究行列。各项研究结果表明，鱼类、两栖类、爬行类、鸟类、哺乳动物，甚至包括人类，都有三只眼睛。人们通常忘记了自己的第三只眼，或是从来没有想过它的存在。这只是因为这只额外的眼睛已离开原来的位置，不在脸部表面，而是深深地埋藏在大脑的丘脑上部，而且拥有另外的名字——松果腺体。

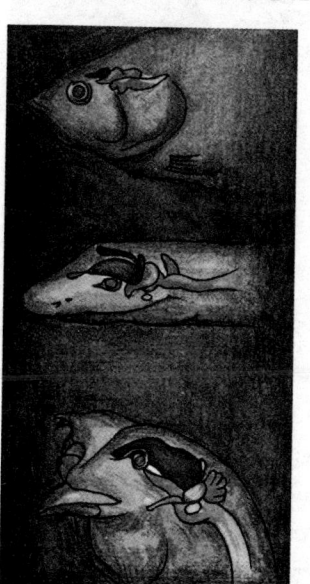

脑神经细胞

脊椎动物体内的松果腺体

■ 松果激素的作用

第三只眼和另两只眼睛相比虽然功能迥异，但还是有点"藕断丝连"。松果腺体对太阳光有极强的敏感性，它通过神经纤维与眼睛相联系。松果腺体在太阳光十分强烈时受阳光抑制，分泌松果激素会减少；反之，碰到阴雨连绵的天气，松果腺体就会分泌出较多的松果激素。松果激素可以调节人体内其他激素的含量。当它增多时，会使甲状激素、肾上腺素的浓度相对降低，而这些激素是唤起细胞工作的。如果这些激素相对减少，人就显得无精打采、萎靡不振。但当松果激素分泌减少时，体内其他激素就会相对增多，所以人们就显得生气勃勃、情绪良好。另外，人晚上的血压通常比白天低，这也是由于晚上没有阳光，人的松果激素增加，抑制了其他激素分泌的缘故。

第三只眼的退化

第三只眼出现在胚胎发育两个月时，即晶体、感光器和间脑区域的神经细胞形成阶段。奇怪的是，它刚一出现，马上就开始退化。对此，著名的海克尔生物基因定律提供了最有力的证据。根据这一定律，胚胎在很短的时期内会经历其所属物种的整个进化史，即人类在胚胎时期能够出现我们的先祖所具备的某些形态特征。人类的第三只眼原本是一个重要器官，后来在漫长的进化史中退化成了埋于脑部深处的松果腺体。

三只眼的二郎神

记忆的奥秘

遗忘是我们人人都经历过，而且很可能正在经历的事。没有遗忘，人脑很快就会被信息塞满而无法正常工作。那么，为什么有的事情"过目即忘"，有的却"记忆犹新"呢？遗忘的原因是什么呢？

图注（大脑分区标示）：复杂运动协调区、运动中枢、感觉中枢、运动性语言中枢、味觉中枢、听觉中枢、听觉性语言中枢、总翻译中枢、视觉中枢、躯体平衡中枢、大脑皮层中的功能分区、脊髓

■ 遗忘的原因

心理学家用记忆痕迹的衰退来解释遗忘现象。他们认为学习知识的活动使大脑的某些部位产生了变化，留下了各种痕迹，即所谓的"记忆痕迹"。不同的记忆痕迹留在大脑皮层中不同部位的不同神经中枢。如果学习活动完成后仍不停地练习，记忆痕迹便被保持下来；若学习后长期不再练习，记忆痕迹就会随着时间的推移而消逝，出现所谓的遗忘现象，正如诗人所吟唱的："时间是冲淡感情的酒。"

拼图游戏能提高儿童的记忆能力。

■ 记忆信息存储的部位

科学家们认为，不同类型的记忆信息储存在大脑的不同部位。早在1936年，加拿大著名神经外科医生潘菲尔德在癫痫病人完全清醒的条件下，为病人进行大脑手术。当他用微电极刺激病人的"海马回"的某些部位时，病人回忆起了童年时代唱过的但却早已忘记了的歌词。在潘菲尔德的开创性发现之后，又有许多研究者为这种发现提供了临床上的证据。后来，学者们又发现，大脑额叶与语词类的抽象记忆有关，丘脑下部组织则与短时记忆有关。还有一些研究成果表明："杏仁核"与内部事态的记忆有关，"尾核"与自我中心的空间记忆有关，"海马回"与时间、空间属性的记忆有关。

脑的主要部分
脑干把脑与脊髓相连。
小脑控制传递给肌肉的信息。
大脑占脑的90%。

记忆与大脑

传统心理学认为，记忆是过去的知识、经验在人脑中的反映，而认知心理学则认为，记忆是外界信息在大脑中输入、储存、编码和提取的过程。一个正常成人的大脑重约1400克，分为左右两个半球。大脑皮层是思维活动的重要器官，其展开面积约为2200平方厘米，厚约1.3～4.5毫米，结构和技能相当复杂。

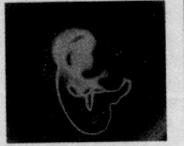

脑组织从胎儿时期就开始发育了。

梦的奥秘

众所周知，化学家凯库勒在梦中发现了苯环结构，数学家笛卡尔在梦中发现了坐标系，发明家豪尔在梦中发明了缝纫机。毫无疑问，梦中能产生灵感。梦中为什么会产生灵感？人又为什么会做梦呢？

奇异的梦境

■ 梦中的灵感

梦中的灵感到底是怎样出现的呢？1983年，英国心理学家伊凡思提出一个新奇的观点。他认为梦不是睡眠中偶然形成的副产品，相反，睡眠的目的恰恰是为了做梦。对任何人来讲，清醒时进行的工作会在梦中继续。如果他苦苦思索一个问题，梦很有可能为他提供有用的意见。这其实也是科学家们能从梦中找到灵感的根源。

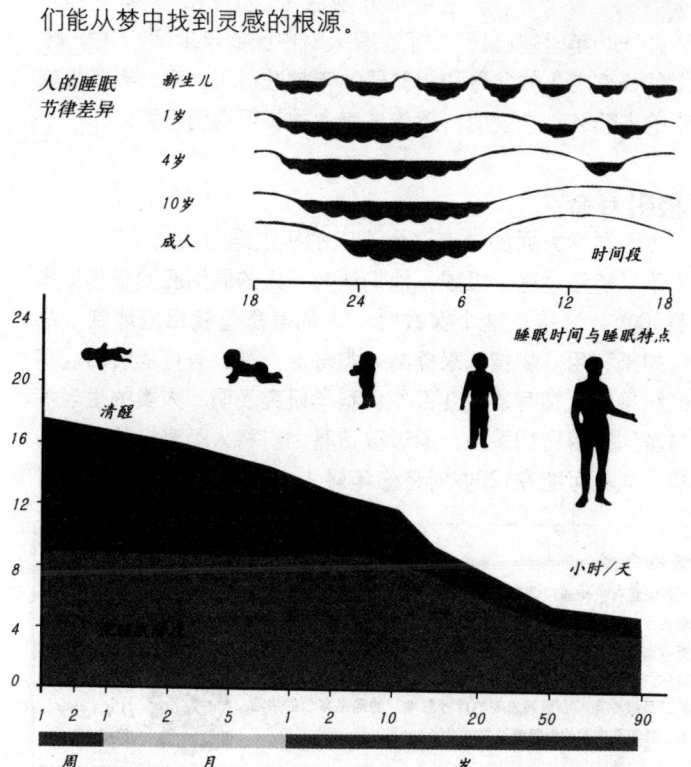

打哈欠是人体的一种无意识行为。

大脑蕴藏着丰富的创造灵感。一生中它在不停地运转，人类的诸多奇迹由此产生。

■ 人为什么会做梦

世界著名生理学家巴甫洛夫对梦的成因有自己独到的见解和贡献，他从生理机制方面解释了人为什么做梦的问题。他认为，梦是睡眠时脑的兴奋活动。巴氏认为，睡眠是一种负诱导现象。大脑皮层兴奋过程引起了它的对立面——抑制过程，抑制过程在大脑皮层中广泛扩散并抑制了皮层下中枢，人便进入了睡眠状态。人进入睡眠时，大脑皮层出现了弥漫性抑制，也就是抑制过程像水波一样扩展。当人熟睡时，弥漫性抑制占据了大脑皮层的整个区域以及皮层更深部分后，这时就不会做梦，心理活动被强大的抑制过程所淹没。当浅睡时，我们大脑皮层的抑制程度较弱，且不均衡，这便为做梦提供了条件。

人的睡眠节律差异

新生儿
1岁
4岁
10岁
成人

时间段

睡眠时间与睡眠特点

清醒

小时/天

周　月　岁

人寿的极限

人终究都要死亡，这一点无人怀疑。可人能活多大岁数？现实生活中超过百岁的老人就有一些。1980年7月9日，在英格兰的剑桥郡，约翰·奥顿和哈丽叶特·奥顿隆重庆祝了他们结婚80周年纪念日，这一年他们分别是104岁和102岁。中国江西于都县石靖乡敬老院的唐招娣、钟度春老人，分别是110岁和104岁。

老妇人满脸都是皱纹，皱纹中镌刻着沧桑，她究竟活了多少年了？

老人与小孩
老叶凋落，新芽萌生，生命就这样一代一代繁衍下去。

美国研究人员经过研究发现，多吃水果、蔬菜可以增强人体抗氧化能力，进而延缓衰老。

细胞的有丝分裂过程

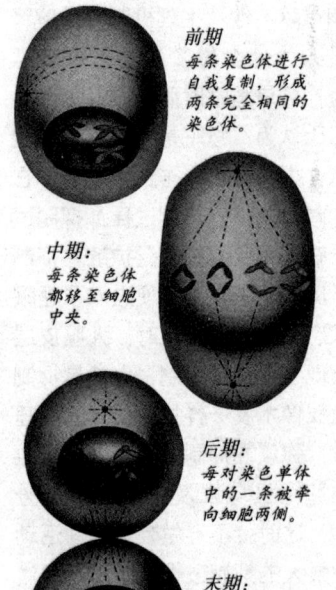

前期：每条染色体进行自我复制，形成两条完全相同的染色体。

中期：每条染色体都移至细胞中央。

后期：每对染色单体中的一条被牵向细胞两侧。

末期：每组染色体周围形成了新的核膜，细胞分裂完成。

■ 长寿与遗传

在长寿人群中，有一个显著特征是值得人们研究的，那就是长寿的遗传性，即长寿者呈家族形式存在。中国新疆英吉沙县的吐地沙拉依一家就是一个长寿家庭，吐地沙拉依的母亲去世时110岁，哥哥去世时135岁，两个弟弟分别活了103岁和101岁，而他本人在1986年时就已137岁了。有人对中国武汉地区100位90岁以上的长寿老人的父母和祖父母的年龄进行了调查，有长寿家族史的占65%。这说明，遗传与寿命的长短密切相关。

■ 极限寿命

生命科学方面的学者认为，人的极限寿命约为150年，一个人不可能活过这个极限。他们认为，人的原始胚胎细胞最多分裂50次，当接近这个次数时，人的寿命也就相应地到了尽头。如果利用生物技术来提高人类寿命，那么有可能会出现惊人的结果：人类有望活几百岁。科学研究表明，人类的生老病死与基因有着密切关系。通过改造基因，将人类衰老的时钟向后拨，人类可能在120岁时还像年轻人一样活力四射。

长寿之乡

曾经有机构通过调查后确认，世界上有4个地方可被称为是长寿之乡。其一是保加利亚南部的多彼山区，平均每10万人中有百岁以上的老人53人；其二是格鲁吉亚，在被调查的1200万人口中，百岁老人有5600多人，每10万人中有百岁老人47人；其三是被称为"心脏病患者的疗养胜地"的厄瓜多尔的洛哈省；其四是中国的新疆维吾尔自治区。

DNA分子的模型

[第五章]
Part5

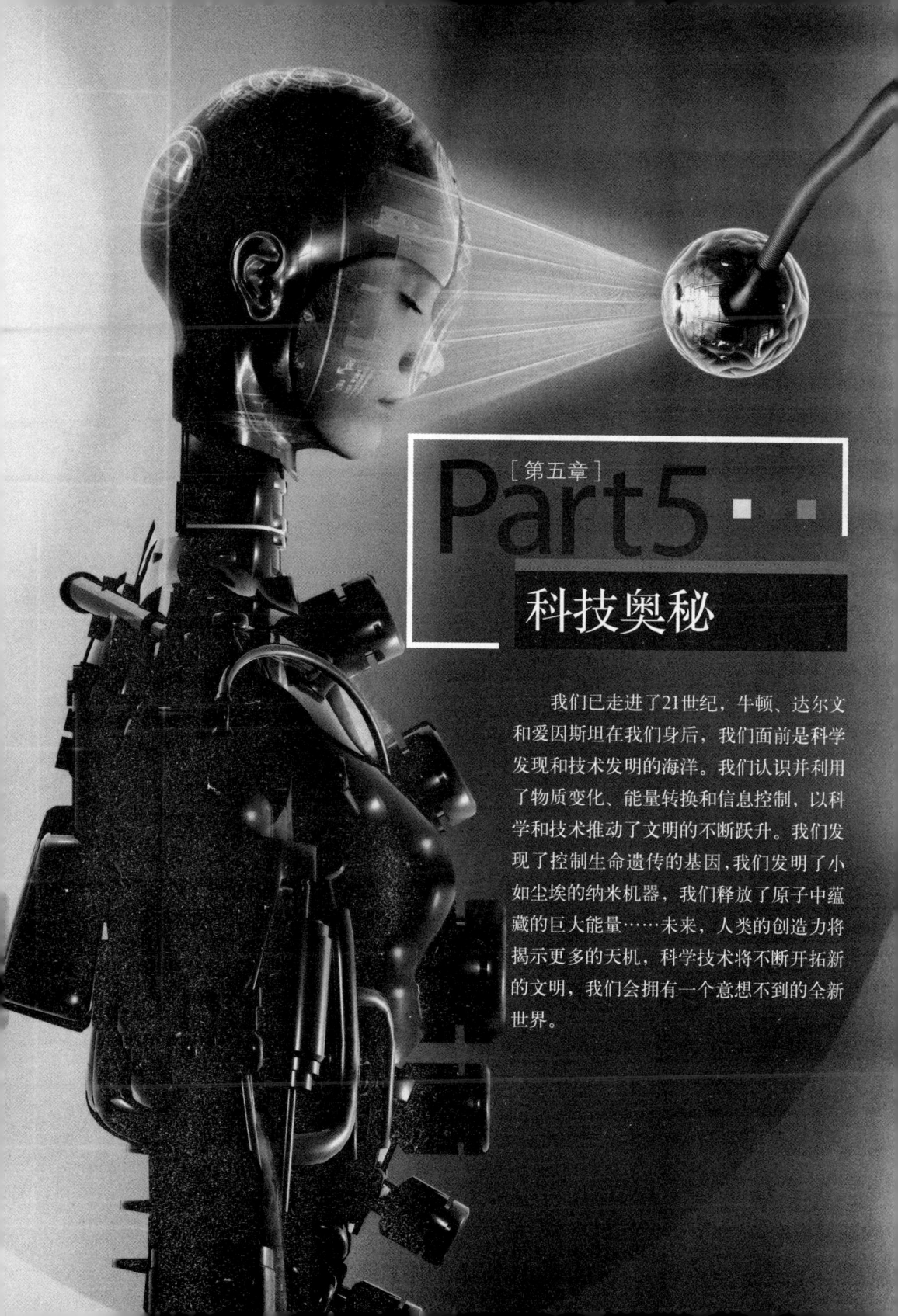

科技奥秘

我们已走进了21世纪,牛顿、达尔文和爱因斯坦在我们身后,我们面前是科学发现和技术发明的海洋。我们认识并利用了物质变化、能量转换和信息控制,以科学和技术推动了文明的不断跃升。我们发现了控制生命遗传的基因,我们发明了小如尘埃的纳米机器,我们释放了原子中蕴藏的巨大能量……未来,人类的创造力将揭示更多的天机,科学技术将不断开拓新的文明,我们会拥有一个意想不到的全新世界。

克隆技术的奥秘

"克隆"的英文原意是"无性繁殖"。通俗地说,就是"复制"、"拷贝"生物,而不是靠父母繁育后代。从理论上讲,任何一个细胞都含有该细胞所在生物体的全部基因,人们可以通过细胞克隆出这个生物体来。但是,人们究竟是怎样通过克隆技术克隆生物体的呢?

科学家与克隆羊

1999年3月,多莉产下了三只小羊羔,当上妈妈了!

配对的碱基

从20世纪80年代起,人们就开始用机器解读DNA的复制过程。

新形成的两条双螺旋链

■ 克隆羊

英国科学家做了数百例克隆羊的试验,只成功了7例。其中有一例是用成年雌性绵羊最活跃的体细胞——乳腺细胞克隆出来的,人们给这只绵羊取名为"多莉"。而其他6例则是用胚胎细胞克隆出来的。用成年动物的胚胎细胞而不是体细胞克隆出的动物,其基因与该成年动物的基因不一样,属于异体复制。换句话说,"拷贝"的是提供受精卵胚胎的动物的下一代,相当于它生了个"多胞胎"。而体细胞克隆是属自身复制,"拷贝"的是提供体细胞的动物自身。所以说,"多莉"是真正意义上的第一个"复制"、"拷贝"出来的哺乳动物。

■ 激烈的争论

如果有人告诉你,通过克隆技术能够复制一个与你一模一样的人,你会相信吗?这种设想随着多莉的诞生,也许很快就会变成现实。但是,对于克隆人的问题,目前科学界的争论异常激烈。持赞成态度的人认为,克隆人体不仅为那些不孕夫妇带来了福音,对人体器官移植也益处甚大。如果每个人在刚诞生的时候就拥有一个妥善保存的复制品,那么以后身体任何一个零件坏了都可以随时更换。但持反对意见的人则认为,采用无性繁殖的方法复制人会使人类失去遗传基因的多样性,这对人类这一物种的生存将产生严重的影响。人应该热爱自己独特的生命形式,同样也应该接受个体自然的死亡。在这场旷日持久的激烈争论中,反对者的呼声占了上风。联合国教科文组织大会于1997年11月通过了指导基因研究的道德准则条例——《世界人类基因组与人权宣言》,要求各国应对克隆人以及其他损害人类权利和尊严的科研行为加以严厉禁止。

在这张经过数字化处理的影像中,被用于克隆实验的动物显得离奇而怪异。

试管婴儿的奥秘

很多不能生育的妇女都想拥有自己孩子，怎么办呢？在这种情况下，医生和生物科学工作者经过协作，通过特殊的手术满足了她们的愿望。1978年，第一个试管婴儿出生的消息轰动了整个世界。它和人类登上月球、人工移植肾脏一样，引起了很大的震动。那么，试管婴儿是如何诞生的呢？

"试管婴儿"的诞生使用的是体外授精技术。

1978年，第一个体外授精的婴儿出生了。

■ 试管婴儿的诞生

试管婴儿的诞生所利用的是受精卵移植技术。首先，医生们给妈妈注射一定量的能促使卵子生长发育的激素。然后，通过外科手术把体内成熟的卵子取出，并把它放在一个具有一定温度和培养液的玻璃器皿内。接着，往里加入爸爸的精子，使卵子在体外受精。此后，不断地更换培养液以使受精卵能够自然地分裂发育，并成为一个具有许多细胞的胚泡。在第6天的时候，这个胚泡又被放回妈妈的子宫里，使其得到母体的营养。之后，经过几个月正常的妊娠，健康的婴儿便诞生了。这就是人们所说的"试管婴儿"。

■ 受精卵移植技术的应用

目前，这类受精卵移植技术主要应用于畜牧业上。人们将牛、羊等牲畜的受精卵放在兔子的输卵管里，通过兔子把受精卵携带并移植到外地的母牛、母羊的子宫里。这样能使受精卵继续发育，长成健壮的小牛和小羊。利用这种方式出生的后代，既保存了父母原来优良的遗传性状，又能从"保姆"那里获得适应当地生存的能力和免疫力。随着科学技术的进一步发展，科学工作者又进行了受精卵的低温保存研究。经过体外授精的卵子在低温条件下能够停止正常活动，但质量又不受到影响。如果从低温条件下取出，受精卵仍然能够复活，并继续发育。这样，就能更加方便地进行受精卵的移植手术了，并能使优良纯种的后代在异乡成长起来。

细胞核
顶体
纤维束　精子

卵子
卵子比身体内的正常细胞大。作为女性生殖或者月经周期的一部分，每个月有1个卵子成熟。

没有父亲的癞蛤蟆

生物学工作者首先从雌性蟾蜍（癞蛤蟆的学名）体内取出充满棕色卵球的卵巢，然后将它悬挂在含有适量促性腺激素的生理水中进行培养。接着，他们用涂血针刺的方法代替在自然界生殖中必不可少的受精过程，使在体外"试管"里排出的成熟卵球单性发育成蝌蚪。经过变态发育之后，一大批没有爸爸的癞蛤蟆就诞生了。

蟾蜍

基因工程的奥秘

生物的遗传物质是细胞内的染色体，而染色体是由DNA（脱氧核糖核酸）双螺旋链状大分子和蛋白质组成的。DNA是生命的基本物质，记录着遗传密码，而基因则是DNA的片断。每一个基因决定着生物的每一个相应的性状，如眼睛的大小、个子的高矮等。

DNA分子的双螺旋形结构示意图

人类的染色体

■ DNA分子结构

1944年，美国科学家奥斯瓦尔德·西奥多·埃弗提出，在细胞核内发现的DNA可能携带着遗传信息。英国物理学家克里克和美国分子生物学家沃森组织了一个研究小组。他们受电报号码的启示，猜测DNA的4种碱基像电报号码的两种基本符号（点和划）一样，是构成DNA的基础。4种碱基可形成非常复杂的密码。利用富兰克林的X射线衍射图中的一种，克里克和沃森构建了一个DNA分子的双螺旋模型。DNA的分子模型建立后，生物学家们开始试图去发现DNA所包含的密码是如何产生新的、特定的生命的。经研究，他们发现人类基因的平均长度约为72000个碱基，碱基的排列次序构成了遗传密码。

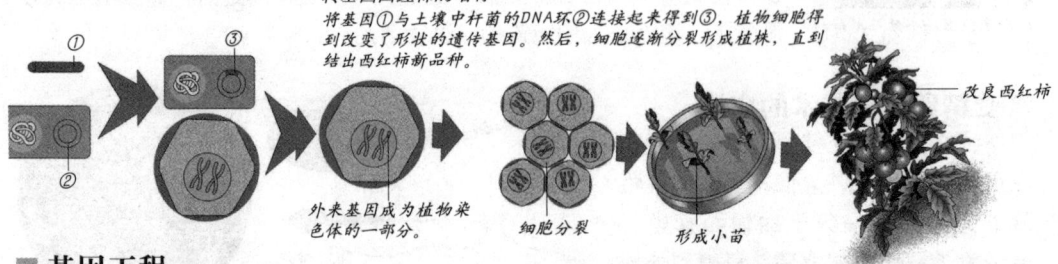

转基因西红柿的培育
将基因①与土壤中杆菌的DNA环②连接起来得到③，植物细胞得到改变了形状的遗传基因。然后，细胞逐渐分裂形成植株，直到结出西红柿新品种。

外来基因成为植物染色体的一部分。 *细胞分裂* *形成小苗* *改良西红柿*

■ 基因工程

科学家们设想，如果将一种生物的DNA中的某种基因切割下来，再连接到另一种生物的DNA链上，将DNA重新组合一下，能否培养出前所未有的新生物类型呢？经过多年的努力探索，科学家们终于找到了重组DNA的方法。他们将生物细胞内的遗传基因分离、提取出来，并进行人工"剪裁"、"拼接"，然后再把重新"组装"好的基因移植到另一种生物的细胞内，使后者获得了一些原本不属于自己的特性，并遗传给后代。这一工程被称之为"生物工程"、"基因工程"或"遗传工程"。基因工程的崛起是生物科学的一场革命，为生物遗传学、医学等领域带来了一系列神奇的变化。

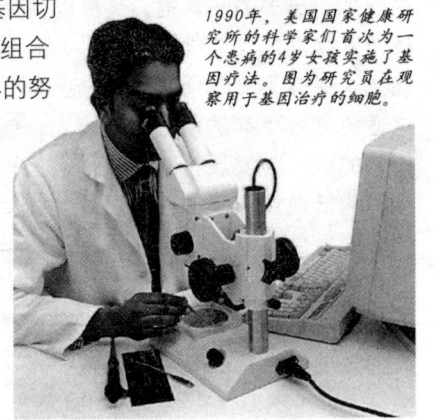

1990年，美国国家健康研究所的科学家们首次为一个患病的4岁女孩实施了基因疗法。图为研究员在观察用于基因治疗的细胞。

纳米机器的奥秘

你能否想象一台机器，小如一粒尘埃，里面却装有上千个部件。如今，科学家已经研制成功了只有几个原子大小、可灵活运动的机器。这些微小的装置有着巨大的能力，这就是纳米机器。

■ 什么是纳米

纳米是一种和厘米、分米一样的尺度单位，是一米的十亿分之一。纳米与米的对比，就像一个网球与一个地球，或者说是一只蚂蚁与一条5000千米长的公路。纳米概念是科学家创造的术语，可纳米物质却不是人类的新发明，纳米材料在自然界早就存在。中国古代的人们已经知道用收集到的蜡烛燃烧的烟尘来制造精墨。其实这种烟尘就是纳米尺寸的碳墨。中国古代制造的铜镜表面有一层薄薄的防锈层，就是纳米氧化锡构成的薄膜。当材料被细化到纳米量级时，声、光、磁、热、力学等可能产生特殊的变化，使纳米微粒具有该材料在宏观尺寸时所不具备的许多奇异的物理、化学特性。纳米科技的应用也就是在纳米尺寸范围内认识和改造自然，通过直接操作和安排原子、分子创造新物质。

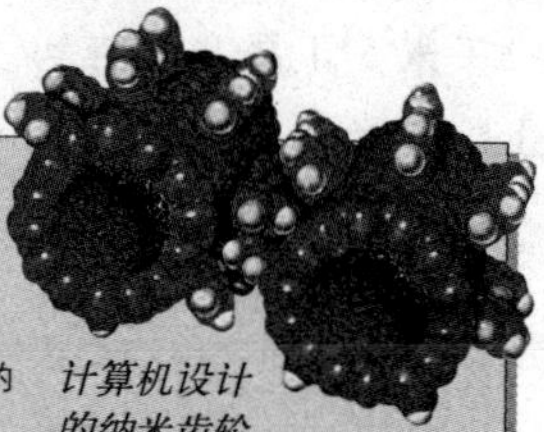

纳米陶瓷
随着纳米技术的广泛应用，纳米陶瓷随之产生。它克服了陶瓷材料的易脆性，使陶瓷具有像金属一样的柔韧性和可塑性。

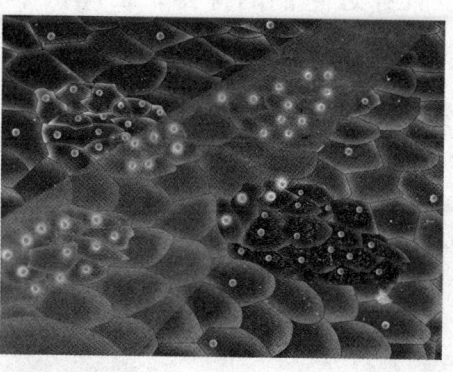

纳米技术
进入21世纪以来，纳米技术已经成为科学界的热门话题。这项技术将推动信息、医学、自动化及能源科学的迅速发展，给人类生活带来新的变化。

纳米机器的制造

研究人员每次只取一个原子，把它们堆在一起组装成纳米机器。他们利用高效的计算机程序对机器进行设计。科学家通过试验和错误排除，把设计转化为真实的纳米机器。他们还利用扫描隧道电子显微镜（STM）来制作纳米机器。"STM"是一种能够让我们"看到"单个原子的装置。从STM顶端发出的电子光束能够用来驱动原子，这些原子就是纳米机器中的"零件"。

计算机设计的纳米齿轮

■ 纳米技术的广阔前景

纳米技术的应用前景十分广泛。在医学领域内，纳米级粒子将使药物在人体内的传输更为方便，用数层纳米粒子包裹的智能药物进入人体后可主动搜索并攻击癌细胞或修补损伤组织。在电子领域，有从阅读硬盘上读取信息的纳米级磁读卡机以及存储容量为目前芯片上千倍的纳米级存储器芯片等高科技产物。环境科学领域将出现功能独特的纳米膜，这种膜能够探测到由化学和生物制剂造成的污染，并对这些制剂进行过滤，从而消除污染。利用先进的纳米技术，还可制成含有纳米电脑的、可进行人机对话并具有自我复制功能的纳米装置，它能在几秒钟内完成数十亿个操作动作。还可利用具有强红外吸收能力的纳米复合体系来制造红外隐身材料，这些都是很具有应用前景的技术开发领域。

碳纳米管

激光的奥秘

美国加利福尼亚州的一个游乐场里有一间"鬼屋"。来到这里，人们就仿佛走进了哈利·波特所在的魔法学校，能见到许多神奇的怪物。更令人错愕不已是，你可以径直穿过它们的身体，但却根本摸不到它们！这间怪影幢幢的鬼屋是如何被打造出来的呢？

激光全息摄影技术所营造出的诡异气氛

■ 激光全息摄影

真正的鬼屋是没有的，那些"鬼影"只不过是一幅幅浮现在空中的精美绝伦的全息摄影照片而已。它们采用的是激光全息摄影技术，这是利用激光光波的干涉将物体影像与再现影像记录下来的一种摄影技术，与一般的照相技术完全不同。我们可以围着它所拍摄的全息图像观看各个侧面，立体感很强。更为奇妙的是，所拍摄到的所有信息遍布在全息照片的每一点上，所以，即使全息照片碎成小块，但当每一小块再现时仍能给出整个物体的形象。

全息摄影的再现

第一台激光器采用合成红宝石发光。红宝石吸收闪光管发出的光并以激光的形式发射出来。

■ 什么是激光

什么是激光？它和普通光到底有什么不同呢？我们知道，普通光是由物质自发产生的，而激光是镭受到刺激而产生的一种光。激光与普通光就其本质来说都是电磁波，其传播速度都是每秒30万千米。但是，激光还有着自己独特的物理性质：一是亮度极高，它比太阳表面的亮度还高100亿倍；二是方向性极好，方向性是指光的集中程度，激光即使照射到远离地球38万千米的月球上，其光斑的直径也只有2~3千米。正是这些特点使得激光在很多领域得到了广泛应用。在工业上，激光可以打出只有头发丝1/10大小的微孔，并进行高速、精密加工；在医学上，使用激光手术刀进行手术，病人既不流血也无痛感；在军事上，激光雷达可以精确地测量和跟踪目标。

激光束
线圈闪光管提供能量。
半银反射镜
人造红宝石棒
完全反射镜

全息摄影的记录

把激光束分成两束：一束激光直接投射在感光板上（参考光束）；另一束激光投射在物体上，经物体反射或者透射（物体光束）后就携带有物体的相关信息，物体光束经过处理也投射在感光板的同一区域上。在感光板上，物体光束与参考光束发生叠加，形成干涉条纹，这就完成了一张全息图。

感光板

核能的奥秘

20世纪初,科学家们发现铀原子核吸收慢中子时会发生裂变,同时以辐射的形式释放出巨大的能量。如果许多铀原子一起急剧裂变,就能爆发出无比的威力。由于历史的原因,核能首先运用在军事上,被制成了核武器——原子弹。但是如今,它已作为一种安全、清洁、经济的新能源而为人类服务了。

原子的内部结构（电子轨道、电子、中子、原子核、质子）

■ 核电站

威力无比的核能为人类造福一般是通过核能发电的形式,即建立核电站。核电站就是用反应堆将核燃料裂变产生的能量转变为电能的发电厂。核电站由核岛（主要包括反应堆、蒸汽发生器）、常规岛（主要包括汽轮机、发电机）和配套设施组成。核电站与一般电厂的区别主要在于核岛部分。核电之所以能成为重要的能源支柱之一,是由它的安全性、运行稳定、寿期长和对环境的影响小等优点所决定的。利用核能发电比利用常规能源发电更为经济,也更为高效。

核裂变的反应机理（中子、铀235的原子核、中子）

欧洲粒子物理实验室的大型粒子加速器

核能被公认为是最清洁的能源,但使用放射性物质会引发一系列核安全问题。

■ 核能发电的原理

原子的中心是原子核,它是由中子和质子构成的。原子核发生分裂,并释放出巨大能量的过程,称为裂变。裂变反应中有大量高速中子流和巨大的能量释放出来。核电站的反应堆通常采用核裂变反应。反应堆中的核裂变反应一直受到一个减速剂系统的控制,它对释放的能量可进行控制和引出,使之转化成有用的核能。人类利用核能来生产大量的电以满足社会需要。核电站非常安全可靠,对环境的污染也是微乎其微,而火力发电站的废渣、废气则会严重污染环境。核能发电的费用也大大低于火力发电的费用,一座100万千瓦的核电站,一年仅消耗1500千克铀235。核燃料一次装入就可连续发电几百天。地球上的核燃料储量相当丰富,据估计它们可以供人类使用2万年,所以核能将会成为未来人类的主要能源之一。

磁铁的奥秘

磁铁能够吸住铁、镍、钴等金属，俗称吸铁石。磁铁若制成棒状或针状并悬挂起来，会很自然地指向地球的南极和北极。如果把铁屑撒在磁铁上，铁屑就会显现出磁铁磁感线的分布情况。磁铁究竟有什么样的作用？液体磁铁又是什么呢？

极性相反的磁感线

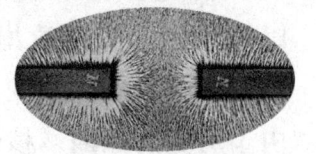

极性相同的磁感线

能吸引铁的磁铁矿石

人们听音乐用的耳机里含有环形磁体。

■ 磁铁的用途

磁铁的用途很广泛。利用电磁铁可以制成运送钢铁的起重机。这是因为电磁铁通电后磁性极为强大，所以能吸住笨重的钢铁，放下钢铁时只需切断电源即可。和大型磁铁相比，指南针显得既小又轻，磁性也弱了许多，但指南针的作用不在于吸铁，而在于通过地球磁力指示方位。任何磁铁都有N极和S极。N极与N极、S极与S极相遇时，会互相排斥；N极与S极相遇时，则互相吸引。地球磁场的N极位于地球的南极点附近，所以磁针无论在地球表面的任何地方，其S极必指向南方。

磁体的南北两极

■ 液体磁铁

铁被磁化前后的内部变化

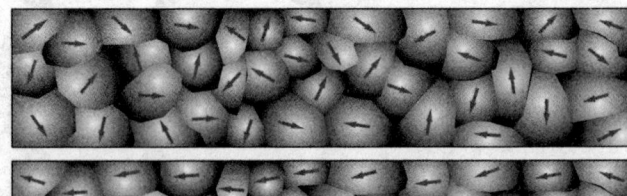

磁铁在日常生活中十分常见。不过我们所见的一般都是固体磁铁，现在却有一种全新的、奇妙的液体磁铁。它是在一种普通液体中拌入仅有0.1微米左右的铁磁微粒，并使其均匀地悬浮于液体之中而形成的。这种液体磁铁有一种很好的性能，它在连续工作几千小时或重负载的情况下，也不会分崩离析。如果在轴和机体之间滴上几滴液体磁铁，它可以最大限度地排除轴与机体之间的直接接触，减少摩擦，降低损耗，使机械能够长期、可靠地工作。如果将液体磁铁润滑油用于机械装置当中，那么，可最大限度地减小机械的日常摩擦。要达到这个目的，就必须将轴承的部分滚珠进行磁化，经过磁化的滚珠所形成的磁场不仅能吸引住铁磁波，而且也能使它在摩擦面上工作，这样既可减少摩擦，又可提高轴承的使用寿命。机械在运作的过程当中也不会产生噪音。

磁悬浮列车的奥秘

由于传统铁路机车受到车轮和轨道之间摩擦阻力的局限，速度上会有一定限制。随着超导材料的诞生，人们利用磁体具有同性相斥的特点，在车厢和轨道上装上强大的磁体，让它们处于互相排斥的状态，从而将火车抬离轨道呈悬浮状以提高车速。这就是新型列车——磁悬浮列车。

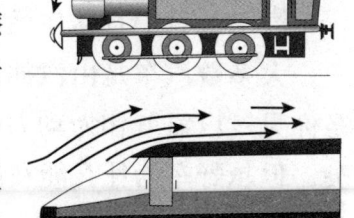

不同的外形设计会影响车速

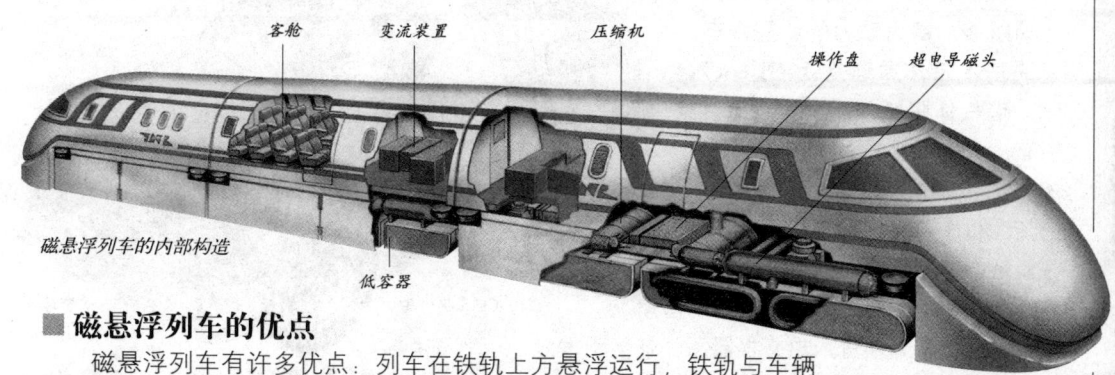

磁悬浮列车的内部构造

■ 磁悬浮列车的优点

磁悬浮列车有许多优点：列车在铁轨上方悬浮运行，铁轨与车辆不接触，不但运行速度很快，能超过500千米/小时，而且运行平稳、舒适，易于实现自动控制；无噪音，不排出有害的废气，有利于环境保护；可节省建设经费；运营、维护和耗能费用低。悬浮列车是21世纪理想的超级快车，世界各国都十分重视它的研制开发。目前，我国和日、德、英、美等国都在积极研制这种车。日本的超导磁悬浮列车已经过载人试验，投入使用，运行时速可达500千米以上。

德国磁悬浮列车　　*上海磁悬浮列车*

■ 磁悬浮列车的行驶

磁悬浮列车的悬浮是利用强磁铁互相排斥的力量。列车和铁轨上都装有强力电磁铁，这些磁铁只有在电流流过时才会产生作用，所以可以通过电流控制随时启动或关闭。列车轨道上的磁铁北极朝上，而列车底部的磁铁北极朝下。当电磁铁被启动后，两个北极互相排斥。这股排斥的力量把列车往上推离轨道，所以列车能在轨道上悬浮飞驶。由于所受到的摩擦阻力大大减小，所以磁悬浮列车的行进速度比一般列车要快得多。

日本新干线

1964年10月1日，日本在东京—大阪间，建成了世界上第一条高速铁路，这就是日本东海道新干线。乳白色"弹丸号"列车好像飞梭似的奔驰在铁路线上，每小时行驶210千米。流线型车体的新奇漂亮，与高架桥的伟岸雄姿和富士山的皑皑白雪交相辉映，颇为壮观。车内设备豪华舒适，车站的现代化控制及监视设备也令人耳目一新。日本东海道新干线高速铁路的修建成功，使铁路走进了高速时代。

高速电力列车

汽车的奥秘

汽车是我们日常生活中最常见到的交通工具之一。大多数汽车是由汽油发动机驱动的，也有的汽车使用柴油发动机，可是你见过以氮气作为动力的汽车吗？我们知道，一般的汽车是在公路上行驶，但越野车为什么能在山地及田野里飞驰呢？

太阳能汽车

■ 液态氮汽车

20世纪末，美国科学家制造出一辆以液态氮为动力的新型汽车。它的基本工作原理是让液态氮汽化，借气体膨胀的压力驱动引擎。正因为如此，有人把液态氮汽车称为"没有蒸汽机的蒸汽机车"。这种汽车的引擎依靠液态氮来发动，而液态氮则是由一个热交换器来提供的。当相对湿度较大的空气从外面进入热交换器后，就会引发液态氮变成气态氮，膨胀的气体带动风轮使汽车发动机转动起来。液态氮汽车最大的一个优点是有利于保护环境。因为液态氮作为汽车能源，所产生的唯一废气是氮，而在我们周围的大气中本来就存在约80%的氮，它不会对人体产生伤害。

汽车的内部构造：方向盘、变速杆、发动机、蓄电池、冷却散热器、变速器、转向器、前刹车、前悬架、催化式排气净化器、手闸、消音器、油箱、后悬架、后刹车、排气管

车辆发生碰撞时，安全气囊会马上自动打开。

概念车

"概念车"一词是由英文"Concept-car"翻译而来的。它是一种介于幻想和现实之间的产物，为探索汽车造型提供可靠的科学依据。可以说，概念车的开发过程，实际上就是新款汽车设计、诞生的孕育期。概念车虽然尚未进入市场，但它作为一种尝试性的设计，不仅在造型设计上具有特殊风格，而且集中了当今世界各个科技领域中最先进的科学技术成果，是汽车行业中的尖端产品。

小巧的环保电动汽车

■ 越野车

越野车就是我们平时所说的吉普车。"吉普"来源于英语"Jeep"一词。一般的汽车主要是在公路上行驶，而越野车却是专门为在山地、田野行驶而设计的汽车。越野车的原型是美国陆军的一种军用运输车。越野车为什么能轻松越野呢？首先，它有坚固的框架。其次，越野车都是四轮驱动，而且轮距大，四个轮子一起用力，最大可以爬60°的高坡。再加上越野车的底盘比较高，车体离地相对远一些，也便于它在越野时轻松自如。车体较高还有利于涉水，在过小溪时排气管不容易进水。可见，越野车的性能是与它的特殊设计分不开的，也正是因为有了这些特点，才使它成为了真正的能够跨山川如履平地的车。

船舶的奥秘

船舶是人类历史上伟大的发明之一。人类的祖先在实践中逐步认识了水的浮力性，并开始制造渡水过河的浮具。最初的简易浮具经过筏、独木舟、木板船、木帆船和机器推进船等多个阶段的发展，逐步演变成现代船舶。可是，你知道用钢铁打造的巨大轮船为什么能浮在水上？它们又是如何在海浪中保持稳定的呢？

联络用小艇　烟囱　客轮　木帆船

舵　船员室　螺旋桨　机舱　锅炉房　豪华客轮的内部构造

水翼船原理图

船身被升力托出水面。　水流过翼片产生升力　V型翼片

■ 浮力定律

我们可以做一个小实验来证明浮力定律：找一块薄铁皮，把它放在水上，它立刻就沉下去了；如果我们用这块铁皮做个铁盒子，再放到水上，虽然铁皮自身的重力没有变，它却能漂浮在水面上。而且即使往盒子里加点东西，盒子也只是下沉一点点，但仍能漂浮在水面上。这是因为盒子底面受到水的压力，这个压力就是竖直向上的浮力。当浮力大于铁皮的重力时，就托住铁盒让它浮在水面上。而浮力是随物体排开液体的重量的增加而增加、随物体底部面积的增大而增大的。大轮船浮在水上就是根据这个定律。船越大，即船的底部面积越大，船排开的水的重量也越大，它所受的浮力也就越大。这样，即使轮船装运很多的货物，也不会沉底了。

■ 船舶的稳定性

现代船舶之所以舒适平稳，是因为有一种稳定船身的装置——回转稳定器。这种稳定器由一对旋转翼片构成，船身两侧各有一片，翼片连接到发动机驱动的回转仪上。船身开始晃动时，翼片也开始旋转，回转仪随即同步转动以抗拒翼片的转动，并因此减轻船晃动的程度。大型远洋货轮在深海中靠将水从船的一边抛到另一边的方法来保持平稳，当船身向一侧倾斜时，水通过一根管子流向另一侧的水缸里，以此来保持整艘船的平稳。

回转稳定器是用来稳定船只的大型回转仪。旋转中的回转仪会抗拒企图改变其轴向的力，因此，回转稳定器可以抗拒海浪对船身的晃动而使船只逐渐回复稳定状态。

坦克无敌的奥秘

坦克从发明到现在一直广泛应用在陆军攻城略地的战斗中。无法想象在一场战斗中，如果缺少了集战斗力、速度和装甲于一体的坦克，结果会如何。因此，坦克获得"陆战之王"的美誉是当之无愧的。

轻型坦克

■ 坦克的性能和构造

坦克的机动性好，火力强大，行进速度可以达到60千米／小时。坦克的涉水深度最深可达1.5米，而潜水深度则可达到5米。它还可以在战场上跨过3米宽的壕沟，翻过1.2米的垂直墙后继续前进。坦克一般由战斗、操纵、动力和行动四个部分组成。除了行动部分，其他的三个部分均安装在车内，分别被称为战斗室、驾驶室和动力室。在这三个狭小的空间中，总共安排了4位乘员，并且安装了大量的高科技设备，如通讯设备、雷达、微光电视等。

坦克的结构：观测仪器、主炮炮弹、装弹手、引擎、车长、驾驶员、驱动链齿、炮手、主炮、机关枪、履带

"二战"时期德军的"虎"式坦克

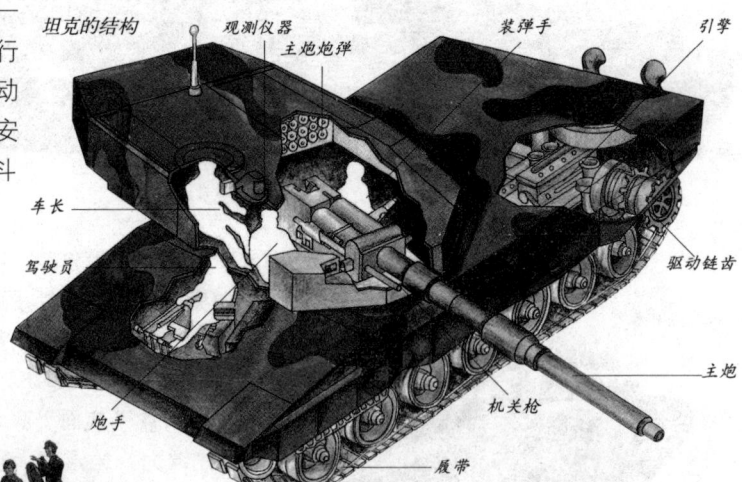

重型坦克

履带的作用

人光着脚在泥地里走，会陷得很深。如果在泥地上放一块长长的木板，从木板上走过去，就不会陷下去了。坦克浑身披着钢甲，身体非常重，如果不安装履带的话，由于车轮和地面接触面很小，坦克就会对地面产生很大的压强，就像人光着脚丫在泥地里行走一样会陷得很深。坦克安上履带之后，和地面的接触面增大，这时，相同重量的坦克所产生的压强就大大地减小了，就好像在泥地上铺了木板，因此坦克就不会陷下去了。

■ 坦克炮的百步穿杨术

坦克并不只是一辆普通的越野车，它还需要在行进中向目标瞄准开火。这如同古代战将跑马射箭一样，难度相当大。为了解决好这个问题，军事科学家发明了坦克炮双向稳定器。双向稳定器是由传感器及其相应的执行装置共同组成的。双向稳定器中安装的螺旋传感器在感受到炮管高低角度的变化后，就会把变化量转化为电子信号。这些电子信号经过放大后，再传给执行装置。执行装置就会使坦克炮的炮管迅速调整到目标的位置。所以，无论坦克怎么颠簸，坦克炮也会一直瞄准目标，把它们锁定在自己的准星上。

枪械的奥秘

枪械通常包括手枪、步枪、冲锋枪、机枪和特种枪等。这些枪械的战斗性能各有千秋。

枪械是现代部队单兵和小组携行使用的必备轻武器。它们是步兵的亲密伙伴，同时也是"地面作战的王牌"。有一些枪械还配备了特殊的消音装置，用于执行特殊任务或进行隐蔽射击。枪械家族里有哪些成员？无声手枪是如何做到消音的呢？

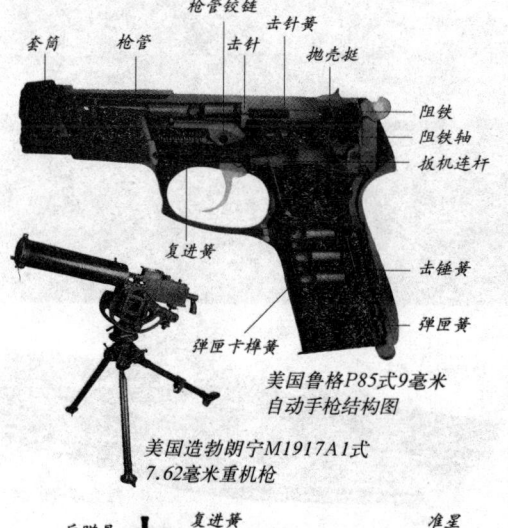

美国鲁格P85式9毫米自动手枪结构图
（套筒、枪管、枪管绞链、击针、击针簧、抛壳挺、阻铁、阻铁轴、扳机连杆、复进簧、击锤簧、弹匣、弹匣卡榫簧）

美国造勃朗宁M1917A1式7.62毫米重机枪

■ 枪械家族

现代枪械按类型分为手枪、步枪、冲锋枪、机枪和特种枪等。按自动化程度的不同，枪械又分为全自动枪械、半自动枪械和非自动枪械三种。按枪身有无枪托，枪械又可分为有托枪和无托枪。按使用子弹弹种的不同，枪械又可分为有壳弹枪和无壳弹枪。按其对目标杀伤方式的不同，枪械又可分为点杀伤武器和面杀伤武器。按照使用地点的不同，枪械又可分为水上使用枪械和水下使用枪械。现代自动枪械通常由枪管、机匣、瞄准装置、自动机各机构、发射机构、保险机构和枪架等部分组成。

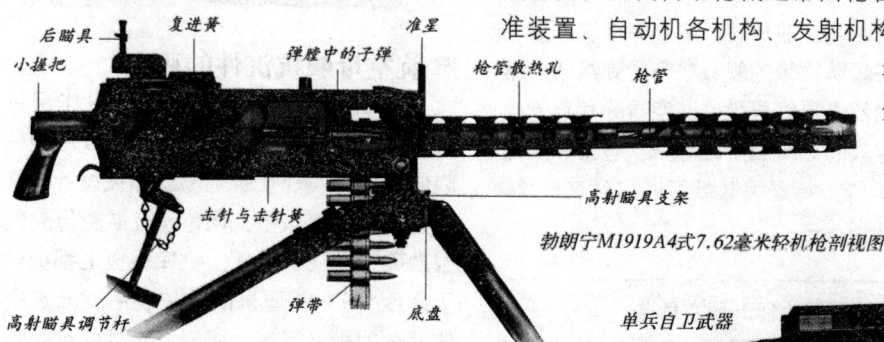

勃朗宁M1919A4式7.62毫米轻机枪剖视图
（后瞄具、小握把、复进簧、弹膛中的子弹、准星、枪管散热孔、枪管、击针与击针簧、高射瞄具支架、高射瞄具调节杆、弹带、底盘）

单兵自卫武器

■ 无声手枪为什么能消音

无声手枪能消音的原因是因为它的枪管外面装有一个附加的消声套筒。各种无声手枪的消声套筒结构并不相同，但消音作用是一样的。最常见的是在消声套筒前半部安装卷紧的消音丝网。当子弹射出后，枪口喷出的高压气体不直接在空气中膨胀，而是进入消音丝网，大部分能量被消音丝网吸收。所剩气体喷出套筒时，压力和速度都很低，发出的声音也就很微弱了。有的是将消声筒前端用橡皮密封，子弹从枪口射出，穿过橡皮，橡皮很快收缩，阻止气体外溢，从而起到了消音作用。

航空母舰的奥秘

航空母舰是在第二次世界大战中出现的海上霸主。它拥有大量的舰载飞机和护航舰船，攻击范围广阔，是一个在海洋上移动的"不沉的岛屿"。

庞大的航空母舰

航空母舰的结构

■ 航空母舰的特混编队

为了让航空母舰发挥更强的战斗力，海军一般都把航空母舰和其他舰船组成航空母舰特混编队，这样就可以提高航空母舰的生存能力和战斗力。特混编队一般拥有三层火力系统。第一层攻防区由各舰队携带的舰载航空导弹组成。第二层攻防区由反潜反舰导弹、防空导弹和直升机负责。第三层攻防区域由近程导弹、鱼雷和反潜导弹组成。这样，特混编队就可以应付来自150千米范围的任何攻击。

■ 航空母舰抗沉性的秘密

航空母舰在海战和登陆战中作用巨大，但造价也非常昂贵。为了有效地确保舰体的安全，现代航空母舰都被设计得像坦克一样披盔戴甲。通常，在航空母舰的舰舷壳板、飞行甲板、机库甲板上都铺设了厚度为4～20厘米的防护装甲。而在舰体两侧的水下区域，以三至五层的纵向隔壁构筑了航空母舰的防雷隔仓，形成纵向防御装甲带。舰体的底部还安装了二至三层底板，即使舰体遭受鱼雷或者导弹的攻击，这几层装甲也不会被穿透。而且，由于航空母舰的舰体庞大，因此会有大量的隔离仓，即使有部分船舱完全进水，舰体依旧可以保持巨大的浮力而不会沉没。

航空母舰上的军服为何五颜六色

普通舰艇上的人员都统一穿着水兵服，但是航空母舰上的人员却穿着红、白、绿、蓝、紫、黄等不同颜色的服装。穿红色衣服的人主要负责救生、打捞和消防工作；穿白色衣服加红色十字的是医务人员；穿全白色衣服的是机务人员，负责飞机的维修检查；穿绿色衣服的人负责飞机起飞的弹射和降落阻拦；穿紫色衣服的人负责给飞机加油……由于分工合理，人员标志明显，既提高了甲板上工作人员的工作效率，同时也减少了事故的发生。

在航母上忙碌的工作人员

潜艇的奥秘

潜艇也叫潜水艇,具有良好的隐蔽性、较大的自持力、续航力和较强的突击威力。它们能远离基地独立作战,而且在水中活动时不易被发现,给人以神出鬼没之感。潜艇在漆黑的深海中是如何认路的?它们如何隐蔽自己而不被敌人发现呢?

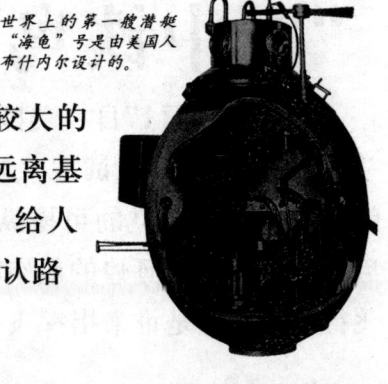

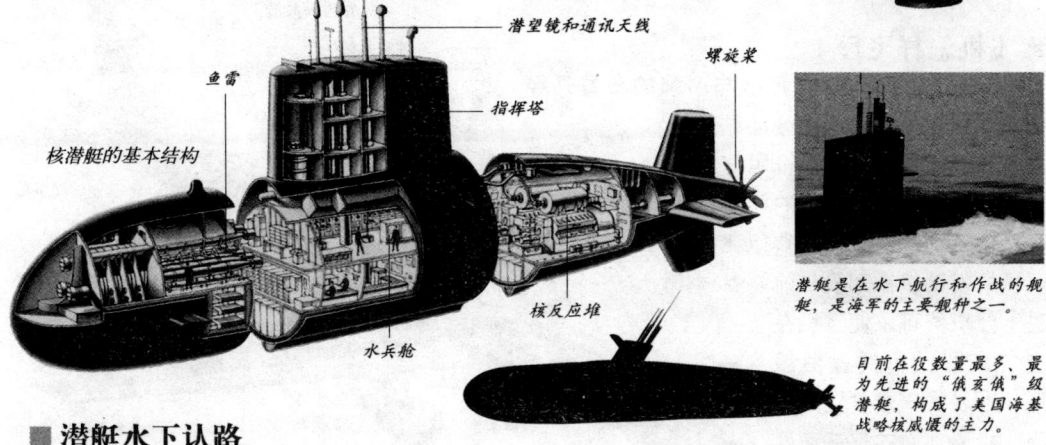

世界上的第一艘潜艇"海龟"号是由美国人布什内尔设计的。

核潜艇的基本结构:鱼雷、潜望镜和通讯天线、指挥塔、螺旋桨、核反应堆、水兵舱

潜艇是在水下航行和作战的舰艇,是海军的主要舰种之一。

目前在役数量最多、最为先进的"俄亥俄"级潜艇,构成了美国海基战略核威慑的主力。

■ 潜艇水下认路

大海深不可测,尤其是在幽深的海底,漆黑一片,处处都有暗礁、裂沟等复杂地形,我们不免要担心在海底航行的潜艇的安全。事实证明,潜艇航行的时候很少会迷路。因为,潜艇有各种巧妙的方法来确定自己的位置。一般情况下,航行中的潜艇只要清楚自己的路线和速度,就可以根据完备的航海图,按照航海的时间推算出自己所在的位置。第二种方法是利用潜望镜、雷达、声呐、六分仪等观测设备,对海面上的岛屿和天空中的天体进行观测,根据这些参照物来确定自己的位置。第三种方法是导航法,由导航台发出无线电信号,潜艇接收到信号后就可以找到自己的位置了。

■ 潜艇隐身衣

现代潜艇的外壳上都裹着一件隐身衣。它又黑又厚,像一件用来御寒的大棉袄,专家们称之为"消声瓦"。消声瓦,顾名思义,就是用来隔离潜水艇内部噪音往外辐射的设备。对于吨位比较大的潜艇,若是噪音很大,那么在很远的地方就会被敌人探明位置。但是包上厚厚的消声瓦后,就如同把音响的扬声器用大棉被裹住,再大的噪音也会变得很小了。事实上,消声瓦并不只有消声一种功能。由于消声瓦是由橡胶做成的,其内部是空腔,空腔和其中的填塞物可以改变敌方发射的声呐波的波形,使声能转化为热能散发掉,因此大大降低了潜水艇被敌人声呐探测到位置的可能性。

核反应堆内发生的核裂变产生巨大能量,使水沸腾,变成蒸汽,再由蒸汽带动发动机推进潜艇。

"空中铁鸟"的奥秘

1903年12月17日，美国莱特兄弟设计制造的"飞行者"号飞机试飞成功。这是世界上公认的第一架飞上天空的可操纵的载人动力飞机。此后，人类走进了辉煌的航空时代。你知道号称"空中铁鸟"的飞机是如何飞行的吗？又是谁来指挥飞机的交通秩序呢？

■ 飞机怎样飞行

尽管飞机的尺寸、形状与引擎的布置几经变化，但现代飞机大部分都具有相同的基本元件：机翼、机尾与起落架。拥有这些基本元件的飞机在克服了各种力的制约后才得以飞行。飞机的发动机推动机身前进，但机翼可以使飞机在空中停留。机翼呈曲线形，上表面弯曲度较大，因此机翼上面的气流速度快，使得上部的气压较低，下部气压较高，机翼由此被升力吸住。机翼上的可移动表面可以为起飞产生更大的升力，在飞行中形成平滑的流线型使飞机高速前进。

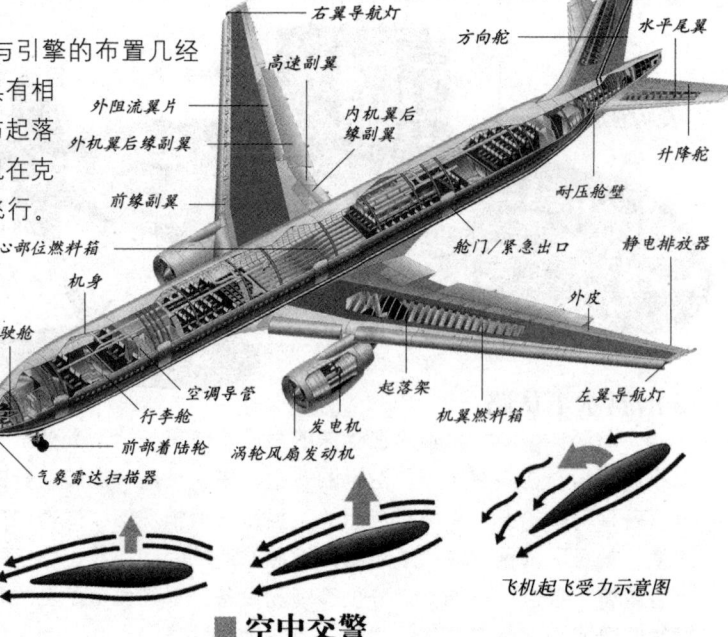

■ 空中交警

公路上川流不息的汽车都是由交通警察来指挥的，而飞机在空中的飞行也如同地上的汽车一样需要管制。实行飞行管制的"交通警察机关"就是空中交通管制中心。它每天都会借助计算机处理所有申请飞行的飞机计划，然后排列出每架飞机起飞的顺序和飞行的航线以及高度、飞行时间等所有的细枝末节，并且预先通知各个机场的空域管制中心实行指挥调度。地面上的雷达会时刻监视、掌握飞机的飞行情况。指挥中心还会定时向飞行员提出飞机标志和高度的询问。当飞机飞出一个管理区域时，就必须及时地被移交到下一个空域的航空管制中心。

黑匣子

虽然飞机在各种交通运输工具中安全性是相对较高的，但飞行事故依然严重威胁着人们的生命安全。而且，比起其他交通工具，飞机失事中人们的生存几率是最低的。因此现代飞机上都安装了俗称"黑匣子"的仪器，它记录着飞机飞行时的各种数据。黑匣子设计的防护措施非常好，即使飞机坠毁也不能使其受到损坏。发生空难后，如果能找到它，并分析其中的飞行记录，就可以帮助人们找出事故原因，以避免同样的事故再次发生。

GPS全球定位系统的奥秘

位于美国硅谷的一家无线电公司根据全球定位系统（GPS）的原理开发出一种新产品。他们将GPS接收器制作成适合儿童佩带的塑料手表。只要孩子们戴上它，家长便可通过电话或上网随时获知孩子所在的具体位置，误差不会超过1米。那么，神奇的GPS系统究竟是什么呢？

导航卫星

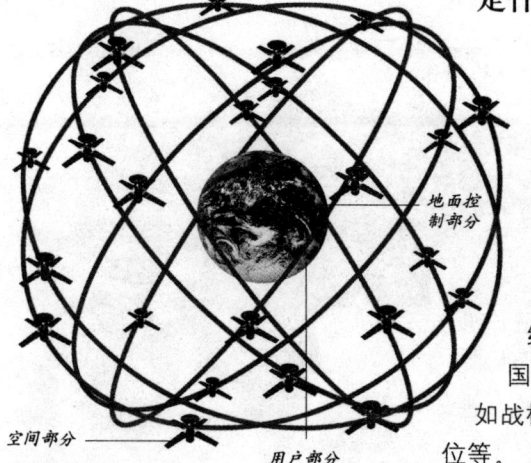

空间部分
地面控制部分
用户部分

系统的组成
GPS系统由三部分组成，即空间部分——卫星，地面控制部分——监控系统，用户部分——信号接收及处理系统。

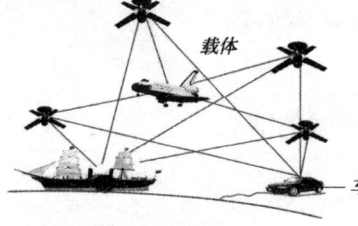

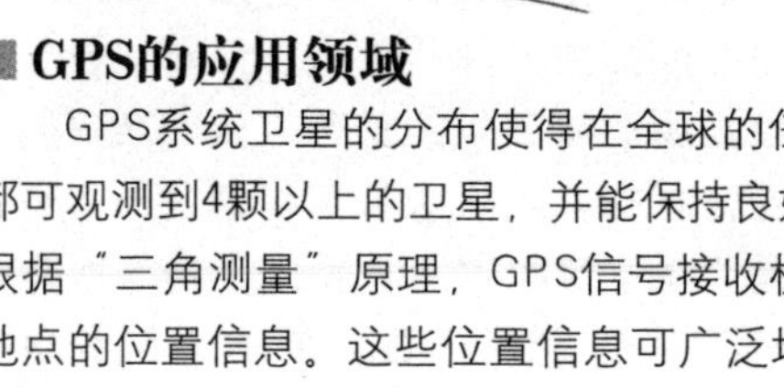

载体
车载GPS

■ 什么是GPS

全球定位系统(Global Positioning System,简称GPS)是美国从20世纪70年代开始研制，历时20年，耗资200亿美元，于1994年全面建成，具有在海、陆、空进行全方位实时三维导航与定位的新一代卫星导航与定位系统。这一系统在早期仅限于军方使用，由美国国防部计划发展，其目的针对军事用途，例如战机、船舰、车辆、人员、攻击目标的精确定位等。 时至今日，GPS已开放给民间作为定位系统使用。GPS全球定位系统利用地球上空环绕在轨道上的24颗卫星，为地面上的使用者测定出精确的方位。通过GPS接收模块，人们可以确定目标的经度、纬度，如果是移动物体，还可以看到它运动的方位角及运动速度等信息。另外，与以前的导航系统比较，GPS系统不会受到阴天、下雨等天气状况的干扰。

GPS手持机

■ GPS的应用领域

GPS系统卫星的分布使得在全球的任何地方，无论何时都可观测到4颗以上的卫星，并能保持良好的定位解析精度。根据"三角测量"原理，GPS信号接收机可以输出地面任何地点的位置信息。这些位置信息可广泛地用于大地测量、工程测量、航空摄影测量、地壳运动监测、工程变形监测、精细农业、个人旅游及野外探险、紧急救生和车辆、飞机、轮船的导航与定位等许多领域，甚至有赶超计算机发展速度的趋势，GPS将很快成为人类社会中最基本的生活必需品。

机器人的奥秘

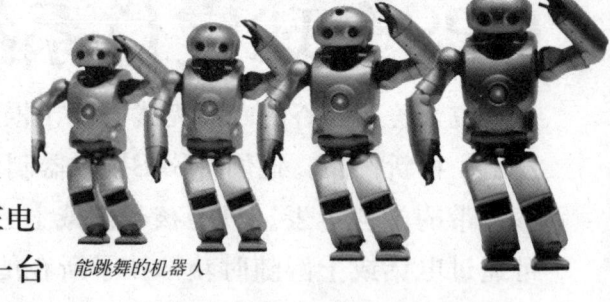

机器人是代替人工作的机器，能够完成许多常人难以想象的工作。大多数机器人完全不像我们在电影中看到的模样，它们只是作为一台机器在工厂里从事固定而有规律性的工作。机器人是如何进行工作的？它们拥有人的那种感知能力吗？

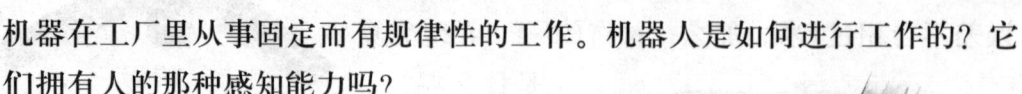

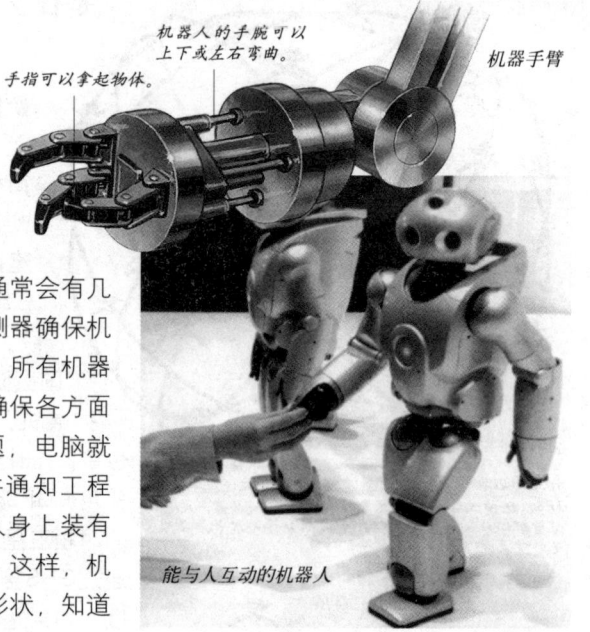

能跳舞的机器人

■ 机器人的感知能力

机器人需要有一定的感知能力才能进行工作。例如，捡拾物体的机器人必须装置接触探测器，告诉电脑力度是否适中。否则，机器人可能把物件握碎，或者使物件掉下来。在生产线上，通常会有几台机器人一起工作，输送带上也会有探测器确保机器人正在加工的物件都在正确的位置上。所有机器人和传感器都是由电脑联系起来的，以确保各方面都动作顺畅。如果出现问题，电脑就命令机器人停止工作，并通知工程师处理。还有一些机器人身上装有摄影机以便能看到东西。这样，机器人就可以分辨物体的形状，知道自己身在何方。

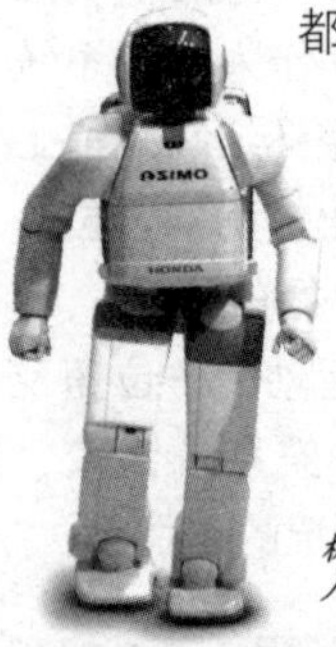

手指可以拿起物体。
机器人的手腕可以上下或左右弯曲。
机器手臂
能与人互动的机器人
机器人能帮助人们干很多事情，比如代替人做商场里的导购员等。

■ 工作领域的变化

代替人类工作的机器人已经渗入了生产生活的各个领域里。旧一代机器人通常只是在装配线上埋头苦干，但新一代机器人将摆脱蓝领工人的角色，转而从事服务行业。现在，从事服务工作的机器人有半数是小型家庭机器人。另外，用于医学操作和海底研究的机器人所占的份额也很大。在扩散性不强的外科手术领域，机器人的研究与应用将会取得惊人的进步。用机器人做手术的好处是，能提高手术的精确度，降低手术后出现后遗症的危险性。

机器手

在制造机器人时，机器手是相当重要而复杂的部位。模仿人手功能制成的机器手是多种多样的，用夹钳可以夹东西，用吸盘可以吸东西，用电磁吸附器可以吸铁制物品。许多机器手制造得非常精巧，大拇指和两个手指第一关节呈球窝关节，抓物件时，手掌弯曲成窝状，能很好地抓牢各种物体，就像人手一样灵活。

英国一家机器人公司开发的机器手十分灵活。

[第六章]

Part 6

神奇动物

曾经统治地球1亿6千万年的恐龙为什么从地球上消失了呢？它们在今天能够复活吗？鸟是兽类进化而来的吗？蜻蜓为什么是最优秀的飞行员？蜘蛛求婚为什么会送"彩礼"？动物怎样识别自己的亲人？动物为什么会休眠？啄木鸟为什么不得脑震荡？企鹅会什么不怕冷？聪明的海豚如何在海底生活？动物界奇妙的共生现象如何解释？……庞大的动物家族里有着许多令人费解的奇闻趣事，这里将为你展现精彩的动物世界。

恐龙灭绝之谜

许多年来，恐龙灭绝的确切原因一直没能搞清楚。但这个秘密至今仍然强烈地吸引着各个领域的科学家，他们从各自不同的角度给出了一个又一个颇具特色的解释，许多解释本身就像恐龙灭绝一样奇特、惊人。

斑龙

■ 白垩纪气候说

美国地理学家认为，恐龙灭绝是由于北冰洋的泛滥而引起的。在白垩纪时期，北冰洋四周被大陆包围，与其他海洋隔开，这时北冰洋的水是淡的。在6500万年前，北冰洋的淡水突然涌出，通过格陵兰和挪威之间的那条开阔的通道，以排山倒海之势压向其他海洋，冲淡了其他海洋里的海水。由于海水含盐量的降低，气温猛然下降了10℃左右，并且降水量减少了一半。这突如其来的变化使大量不能适应的动植物被毁灭。紧接着，干旱又进一步摧毁了许多植物和动物，其中就包括巨型的爬行动物——恐龙。古生物学家们支持这一观点。恐龙身躯巨大而脑量甚少，几吨重的恐龙脑量不足500克，两者比例很不协调。因此，恐龙行动迟缓，很难适应外界的环境变化，一旦寒气袭来，它不能像有些小型爬行动物那样随处可以挖洞穴度过寒冬，只好挨冻而死。

地质年代的划分
地球刚形成

板龙

■ 小行星撞地球说

科学家们在意大利考察6500万年前的沉积岩时发现了异常现象：这种岩石的含铱量比它年轻或年老的岩石几乎高出30倍，在丹麦类似年代的岩层里，铱的含量比其他岩层高160倍。迄今为止，地球上已有3000多处地方记录到了铱含量的异常，其中有海地、丹麦、意大利、西班牙、中国、新西兰、美国等。事实告诉我们，铱含量异常的确是全球性的，地球自身的发展过程无法解释这一现象的起因。科学家们解释说，当时一块直径14.4千米的巨大陨石与地球相碰，激起了数百米高的尘埃。这些尘埃遮天蔽日，长达数月甚至数年之久，太阳光无法照射到地球表面，造成长期的黑暗和寒冷，导致了大批生物包括恐龙的灭绝。

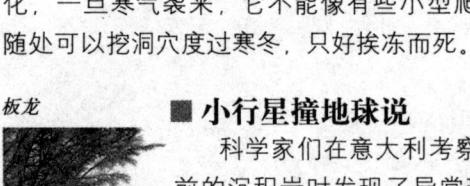

1亿年前的恐龙蛋的化石　霸王龙尖锐的牙齿化石

鸟的祖先之谜

1861年，人们在德国南部发现了一块奇特的动物化石。该动物的头部类似蜥蜴，两颚长着锯齿，细长的尾巴是由许多尾椎骨串连而成的，骨骼类似爬行动物，但身上又长着飞翼和羽毛。这正是一块古鸟的化石。人们把形成这块化石的古鸟取名为"始祖鸟"。

始祖鸟

■ 始祖鸟

据科学家们考证，始祖鸟生活的年代离现在大约有1.5亿年。这种古鸟具有爬行类动物向鸟类动物过渡的形态。它身上有爬行类动物的许多特点：有牙齿，尾巴是由18~21个分离的尾椎骨构成的，前肢有3个分离的掌骨，指端有爪。但它又有羽毛和翼，且后足有四个脚趾，三前一后，这些是鸟类的特征。所以动物学家们把始祖鸟的户口上在了"鸟纲"下面的"古鸟亚纲"里。始祖鸟真的是鸟类最早的祖先吗？如果是，它又是怎样飞翔起来的呢？

喙部较短。

前肢上的指爪是它不属于鸟类的一个证据。

尾部脊椎骨很短，其上覆有羽毛。

绒羽起保暖作用。

长长的脚爪

尾羽龙

短厚的头部

体表可能覆有羽毛。

拟鸟龙

嗜鸟龙和剑龙、始祖鸟

■ 树栖理论

1984年，国际始祖鸟会议在德国巴伐利亚州的埃希塔特召开，这儿正好离始祖鸟化石出土的地方不远。在这次会议上，科学家们对始祖鸟的进化问题进行了讨论。大部分科学家都认为始祖鸟的祖先原来是栖息在树上的爬行动物。人们把这种观点称为"树栖理论"。美国哥伦比亚大学的沃尔特·博克教授是这一理论的首创者，他认为树栖的爬行动物先是借助于滑翔，在树枝之间窜来跳去，后来滑翔逐渐演变成用翅膀飞翔，真正的鸟类开始出现。

鸟类的定向飞行之谜

我们知道，罗盘是在12世纪发明的，300年后哥伦布才靠它横渡了大西洋。但是早在几百万年以前，鸟类就已经若无其事地进行环球飞行了，而且在夜间也依旧能赶路。它们是靠什么来确定方向的？北极星？太阳？风？气候？地磁？它们的方向意识又从何而来？

北极燕鸥是所有候鸟中迁徙路线最长的，迁徙距离长达2万千米。

■ 利用地球磁场定向

不少科学家认为，一部分飞禽是靠地球磁场来定向导航的，信鸽导航就是典型的例子。我们知道，地球上的每一个点都有它自己的地磁场强度和地球因自转而产生的科氏力（地球在转动中出现的一种惯性力）。磁场对于地球生物，就像空气、水一样，是不能缺少的。谁都能感觉到空气和水，可是谁也感觉不到身边存在着磁场。这是因为生物在长期的演化过程中，已经适应了这一物理环境因素。可是信鸽不但能清楚地知道自己所在地的磁场强度和科氏力的大小，并且能随时识别磁场强度和科氏力的细微差异，它们就是凭借着这种特殊本领准确无误地飞回家的。

大雁排成"人"字形，向南方迁徙。

飞行途中，燕子在一艘船上停留休息。

鸟类的迁徙习性是与生俱来的，即使没有成鸟的带领，幼鸟也能成功地进行迁徙。

■ 遗传密码所决定的本能

大多数科学家认为，鸟类的迁徙习性和辨识旅途的能力是与生俱来的，只能用遗传来解释。鸟类的迁徙习性可能是由史前时期觅食的困难所造成的。那时，为了寻找食物，鸟儿不得不进行周期性的长途旅行。这样年复一年，世世代代，经过漫长的演化过程，各种迁徙习性就被记录在它们的遗传密码上，然后经过核糖核酸（RNA）分子一代一代传下来。因此，那些很早就被它们父母遗弃的幼鸟，在没有成鸟带领和任何迁徙经验的情况下，仍然能成功地飞行千里，抵达它们从未到过的冬季摄食地。

鱼在水中生活的奥秘

鱼类以水为家，在水里来去自如、浮沉随意。鱼为什么能生活在水里？它们靠什么来调节自己在水中的行动？它们如何感受水中的世界？鱼身上为什么会长满鳞片，这些鳞片又起着什么样的作用呢？

在水中来去自由的鱼

■ 鱼鳔升降机

鱼的肚子里有一个白色的气囊——鳔。鱼通过肌肉的收缩，使鳔缩小或胀大。当鱼要浮起来时，肌肉放松，鳔内充满了气体，空气比水轻，鱼受到的浮力大，就能浮起来；当鱼要下沉时，肌肉收缩，鳔内气体减少，鱼所受的浮力随之减小，鱼就沉下去了。在鳔的作用下，鱼还能够依据水域的不同深度和不同压力，放出或吸进空气，以调节身体的密度，达到与所受水的浮力接近的程度，从而保持在水中悬浮。

■ 特殊感受器

鱼有一种特殊的感觉器官——侧线。如果你注意观察鲫鱼，就会发现在它身体两侧中间的一行鳞片上，各有一条由许多小孔组成的虚线，这就是侧线。鱼的侧线其实是一条细细的管子，一头埋在皮下与神经相连，另一头按一定间隔穿过鳞片通达外界。鱼类就是靠着侧线来测定方向、感知水流的。除了能感知险滩湍流外，鱼的侧线还能感觉到水中浮游生物及一些小鱼、小虾的游动，从而准确觅食。

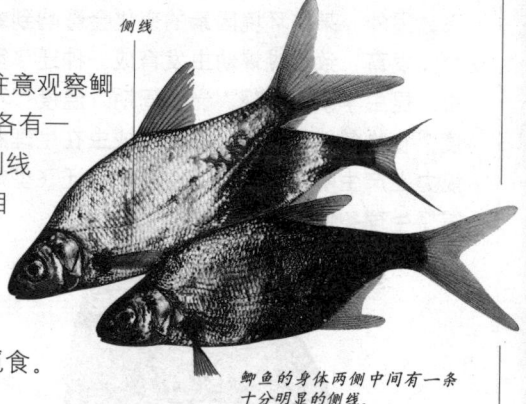

侧线

鲫鱼的身体两侧中间有一条十分明显的侧线。

沙丁鱼

■ 鱼鳞的秘密

除少数无鳞鱼外，大部分鱼的身上都布满了鱼鳞。鱼鳞的形状很多，有大有小，一般可分为盾鳞、列齿鳞和硬鳞三种形态。盾鳞，顾名思义，鳞片的形状像盾牌，鲨鱼的鳞就属于此类。列齿鳞是表面上有许多细小的齿状突起物的鳞。硬鳞是鳞片与鳞片之间由纤维连接、排列紧密的鳞。鳞是鱼对水生生活的一种适应。全身布满鱼鳞的鱼，微生物难以侵入机体，从而有助于抵抗疾病的感染，保护身体。

蝴蝶的神秘迁飞

澳大利亚蝴蝶

蝴蝶是鳞翅目中锤角亚目（又称蝶亚目）昆虫的统称，是昆虫中最美丽的类群。全世界约有1.4万种蝴蝶，以美洲最多，中国约有1300多种。蝴蝶能进行长途迁飞，甚至能成群结队地越洋过海。据统计，全世界曾有200多种蝴蝶发生过上千次迁移飞翔。

■ 蝴蝶迁飞之因

有的昆虫学家认为，蝴蝶迁飞是为了逃避不良的生存环境，是物种生存的一种本能行为，与遗传和环境有关。例如，大菜粉蝶在成虫羽化时，如果它寄生的植物不能为它提供较佳的食物来源，它就会迁飞，去寻找合口的美味。相反，如果它寄生的植物能满足它的需要，它就不会迁飞。另外，某些环境因素的变化会影响到蝴蝶的个体发育，致使蝴蝶幼虫发育成一种迁飞型的成虫。昆虫学家们发现，光照周期、温度、种群密度、食物条件的不同，都会使成虫在生理和飞行能力上产生明显的分化。这就使得迁飞型蝴蝶获得了生理条件上的可能性。

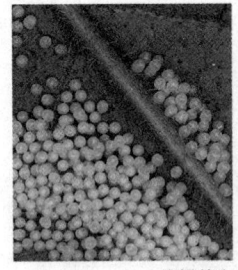

美丽的蝴蝶

蝴蝶的卵　　欧洲黄粉蝶

■ 蝴蝶的"喷气发动机"

弱不禁风的小小蝴蝶，为什么有飞越崇山峻岭、漂洋过海、航行三四千米的巨大能量？这股能量是从哪里来的？因为仅从动力学的角度来看，蝴蝶是飞不了那么远的。一些科学家认为，蝴蝶迁飞时使用了先进而节能的"喷气发动机原理"。他们使用高速摄影机摄下欧洲黄粉蝶飞行的情况，发现这种粉蝶的翅膀在飞行中竟有1/3的时间是贴合在一起的。它们巧妙地利用自己翅膀的张合，使前面一对翅膀形成一个空气收集器，后面一对翅膀形成一个漏斗状的喷气通道。粉蝶每次扇动翅膀时，喷气通道的大小、进气口与出气口的形状和长度以及收缩程度，都有序地变化着。两翅间的空气由于翅膀连续不断地扇动而被从前向后挤压出去，形成一股喷气气流。一部分喷气气流的能量用以维持飞行的高度，另一部分喷气气流所产生的水平推力则用来加速。蝴蝶就是利用这种"喷气发动机原理"漂洋过海的。

枯叶蝶

斑纹模拟树叶的叶脉。

动物的"婚恋"奇闻

人间的婚恋有万象千态，而动物的"婚恋"也同样无奇不有。动物界中有像人类一样情深义重、生活美满的和谐伉俪。例如，美洲鹦鹉不仅长得美丽，而且是动物界最忠贞的情侣，在任何情况下都会互相帮助。人类在婚配前，男方往往会送给女方彩礼，殊不知动物界中也有同样的习俗呢！

一旦求偶成功，雄鹤和雌鹤便会一起仰头高歌。

美洲鹦鹉伉俪情深。

■ 浪漫的求婚

同送彩礼的动物相比，另外一些动物似乎更重视"精神文明"，它们的求婚方式是唱歌和跳舞。最动听的情歌当然属于鸟类了。巨嘴莺到了发情期，雄鸟便从早到晚不停歇地歌唱，雌鸟若对它有意，便会发出"喳喳"的声音，雄鸟见状就会马上飞向雌鸟。它们用身体互相摩擦表示亲近，其缠绵之状很是动人。舞蹈是白鹤的重要求婚方式之一。雄鹤向雌性求爱时往往采用独舞的方式：先是昂首挺胸站在原地，然后张开双翅，接着扇动翅膀，双足跃起离开地面……

青梅竹马，两小无猜。

■ 动物的"彩礼"

雄性野蜘蛛寻偶时，需要送礼物。它出发前必须抓到一个俘虏——苍蝇或蚊子，然后用丝把俘虏缚成一个沉重的包袱，历尽艰辛，直到找着一个雌性野蜘蛛，才把包袱卸下来，算是给新娘的见面礼。雌性野蜘蛛接受礼物后，才肯把爱情献给它。这可算是一桩名副其实的"买卖婚姻"了。有一种飞虫叫牛虻，是一种肉食性动物，它们的食物绝大多数是昆虫。雄牛虻在向雌牛虻求婚时很郑重，先用自身的分泌物做一个小篮子，再把小昆虫盛到篮子里当礼物馈赠给对方。有些雄牛虻捉不到小虫子，就送个空篮子或在篮子里装个假礼物前去骗婚，雌牛虻往往会上当受骗。

蜘蛛寻偶时需要携带"彩礼"，才能娶到新娘。

动物的"婚外情"

动物的"婚恋"一般也遵循优胜劣汰的自然法则。身强力壮的雄性自然占据优势，但弱小的雄性通过自己的努力，也能达到目的。雄性黑猩猩首领往往对雌性张牙舞爪，但雌性并不将它放在眼里。许多雌性黑猩猩在夜幕降临时，常常会携带着虽然较为弱小但自认为满意的"对象"，双双去度"蜜月"。也许正因为如此，一些强大的雄性动物对"爱妻"不甚放心，唯恐"第三者"插足。

动物的亲近缠绵之状十分动人。

动物的"优生优育"

在生存竞争中,动物也很注重"优生优育",以便孕育培养出强健的后代。为此它们采取了各式各样的方式,例如优胜劣汰的择偶方式,想方设法避开在恶劣环境下分娩等。它们甚至懂得"近亲婚配"的恶果。比如老鼠虽然繁殖力极强,但却从来不会"近亲婚配"。

鼠类懂得近亲繁殖的危害,从而避免了退化的恶果。

■ 优胜劣汰制度

野骆驼的"婚姻状态"为"一夫多妻"制。冬天是它们的婚配季节。众"新娘"只会留下一头最健壮的雄骆驼来当"新郎",而其余的雄骆驼则被迫退出。为了争当"新郎",雄骆驼之间少不了进行一场你死我活的恶斗。胜者独占众"新娘",而那些"败军之将"若因不服气,或因妒忌,偏偏不肯离去时,众"新娘"便会群起而攻之,将它们轰走。由于交配的雄骆驼身体最健壮,因此生下来的小骆驼都非常结实。

■ 明智的生育计划

在埃及的尼罗河两岸栖息着非洲象,它们能够根据食物的多少来决定自己的生育,确保后代的正常生长。尼罗河的一侧长着茂密的森林,食物供应十分丰富。生活在这里的母象认为环境优越,得天独厚,所以每4年便会产一胎小象。可是尼罗河的另一侧却是另外一种模样:气候条件差,食物很贫乏。那里的母象从保持供需平衡出发,生育一胎要相隔9年之久,真不失为明智之举。非洲的母羚羊如果在分娩时遇上了寒冬腊月,它能极其巧妙地将小羊的出生时间推迟到第二年春暖花开的季节。

动物们常用厮杀争斗的方式解决配偶争端,胜利者才能赢得雌性的青睐。

后背比较平缓。
雄雌都有长牙。
圆形的大耳朵
非洲象
柱子般的腿支撑着巨大的身体重量。

动物认亲之谜

在动物世界中存在着各种各样的关系，这些关系远比人们想象的要复杂得多。科学家研究发现，在同一种动物中，血缘关系对动物行为的影响起着重要的作用。一般来说，同一血缘的个体，相互之间都能和睦相处，互助互爱。那么，动物是怎样识别亲人的呢？

成鸟辛辛苦苦捕来虫子喂养自己的孩子。

蜂群里的"看门蜂"负责核实进入蜂巢的蜜蜂的"身份"。

■ 鸣声辨亲疏

崖燕大群大群地在一起孵卵，峭壁上会同时挤满几千只葫芦状的鸟巢，密密麻麻。但用不着担心老崖燕会认错自己的子女。对它们来说，雏燕的叫声就是它们的识别标志。在美国西南地区的一些岩洞里，栖息着7000万只无尾蝙蝠。它们的居住地极端拥挤，以致长期以来生物学家们推测，母蝙蝠喂奶时，不可能只喂自己的亲生子女，而是盲目地喂首先飞到自己身边的小蝙蝠。为了弄清这个问题，美国生物学家麦克拉肯和他的助手做了一个实验。他们从洞里正在喂奶的800万对蝙蝠中抓走167对，随后对每对蝙蝠的血液进行基因测定。结果发现，约有81%的母蝙蝠喂的正是自己的子女。麦克拉肯带着照明设备在山洞里又进行了仔细的观察，他发现，母蝙蝠在喂奶前，先要发出呼唤，再根据小蝙蝠的回答来判断是否是自己的子女，还要进一步用鼻子嗅嗅，在确认是自己的子女后才喂奶。

蝙蝠

■ 气味是身份证

科学家通过实验证明，有些动物通过气味和所分泌的激素来分辨亲缘关系。蜂群里有专门的所谓"看门蜂"，由它控制进入蜂巢的蜜蜂。在一起出生的蜜蜂（一般都是同胞兄弟）可以通行无阻，而其他地方出生的蜜蜂则难以入巢。"看门蜂"的任务，就是对进巢的蜜蜂进行审查，它以自己的气味为标准，相同的放行，不同的拒之门外。蚂蚁也是以气味识别本族成员的。蚁后给每只工蚁留下气味，有了蚁后亲自签发的"身份证"，工蚁才能自由出入蚁穴，否则就会被咬死。鱼类身上有一种非常特别的激素。鱼当了父母亲之后，体表常常会释放出一种被称之为"照料外激素"的化学物质，幼鱼嗅到后，便自动保持在一定的水域里生活，以利于亲鱼的照料和保护。

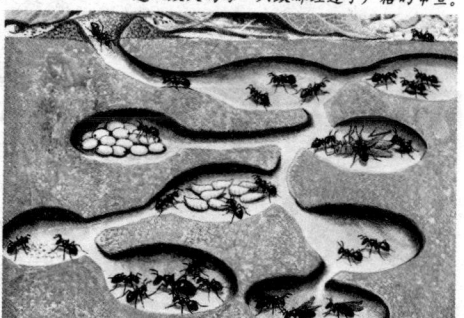

进入蚁穴的每一只蚁都经过了严格的审查。

动物的记忆力

我们一直以为记忆是人类独有的功能，然而，一系列的事实证明某些动物确实有惊人的记忆力。比如，老鼠能走出迷宫；蚂蚁能找到回家的路；海龟、蟹群、蟾蜍能准确无误地重复前辈的路线去产卵。如何解释这种现象呢？是先天的本能还是后天的记忆？是参照了环境的特点，还是根据气味信息？

蟾蜍

■ 海龟回老家

海龟有一个很神奇的特性。在生殖季节，雌海龟会爬上当初它诞生的海岸产卵。如绿海龟，每年3月产卵季节来临时，它们便结群从巴西沿岸向全长只有几千米的小岛——阿森松岛远航。这个小岛位于南大西洋上，距巴西有2200千米远，但海龟却能准确无误地找到它。产卵后，它们又长途跋涉几千千米返回巴西。海龟这种"回老家"的本领由何而来？科学家认为，小海龟在孵化出生的那一刻，就将它周围环境的种种细节，包括附近海水的特殊化学特质、海滩的气味等资料全部记住了。长大成熟后，它们在记忆的带领下，顺利返回出生地，孕育下一代。

正在迁徙途中的海龟

小海龟在出生时就将周围环境的许多细节记住了，长大后能凭着记忆回老家。

■ 蚂蚁不迷路

在晴朗的天气里，群体生活的蚂蚁常要外出寻找可吃的东西，它们为了找吃的东西有时要走很远的路。从很远的地方再回到自己的"家"，可不是一件简单的事。但小小的蚂蚁却有一套杰出的认路本领，不会轻易迷路。科学家在研究蚂蚁时发现，它们的视觉非常灵敏，不但能通过陆地上的景致来认路，而且能借助天空中的景致来确认路线。太阳的位置和光线的移动，对于蚂蚁来说，都是可以用来辨认方向的。除了依靠眼睛外，蚂蚁还能根据气味来认路。试验证明，有些蚂蚁会在它们爬过的地方留下一种气味，在归途中只要沿着这种气味走，就不会误入歧途。

蚂蚁

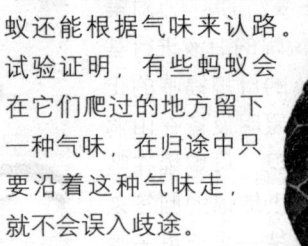

小小的蚂蚁竟然有如此出色的记忆力。

动物的特异功能

鸟类的视觉非常敏锐。

动物的感官依其生活方式的不同而发生变化，有的感官退化了，而有的感官则进化成特异功能。例如，鸟类的五官以视觉的发展最为突出。在天空高飞的鸟，竟然能发现地面上爬行的蜥蜴或甲虫。另外，动物的嗅觉和听觉也都有着异于人类的敏锐。

■ 灵敏的嗅觉

狗的嗅觉器官非常复杂。与人的嗅觉相比，狗的嗅觉器官好比一支交响乐队，而人类的嗅觉器官可能只是这个交响乐队中的一种乐器。一只德国狼狗有2.2亿个嗅觉细胞，人类只有500万个。实验证明，德国狼狗侦察气味的能力高出人类100万倍。经常在空中生活的生物，无法将气味留在地面上形成踪迹，但是到了求偶季节，蝴蝶可以单凭气味就能吸引数千米外的伴侣。雌蝴蝶身上的全部香液加起来也不过才1/1000毫克，而它只要喷出其中的一部分散发在空气中，14千米外的雄蝶就能嗅到香味。可见，蝴蝶的嗅觉也是相当灵敏的。

在求偶季节，蝴蝶凭气味吸引伴侣。

狗的嗅觉器官十分灵敏。

■ 有趣的听觉

蝙蝠的回声定位系统出神入化。蝙蝠凭着这个系统可以准确地测出途中的食物和障碍物的位置。蝙蝠并非像人们想象的那样全盲，大多数蝙蝠能在微弱的光线中看到物体，而在全黑的地方就要靠高频率的尖叫了。蝙蝠的尖叫声其实是一种超声波，人类很难听到。凭着声波的回音，蝙蝠们就能测出前方障碍物的准确位置。利用这套回声定位系统，蝙蝠们可以成群出动，飞来飞去却互不相撞，也不会撞上其他障碍物。

植食性的长鼻蝙蝠吮吸只在夜间开花的植物的花蜜。

响尾蛇的"第三只眼睛"

科学家用胶布贴住响尾蛇的双眼后，发现它仍能极其准确地找到它所要捕获的猎物。这是为什么呢？难道响尾蛇还有第三只眼睛吗？原来，在响尾蛇的鼻孔和双眼之间的颊窝里有一些热敏细胞。这些细胞使响尾蛇不仅可以掩着双眼或在黑夜里找到它要捕捉的动物，甚至可以根据动物身体所发出的热量，获知面前动物的大小和形状。

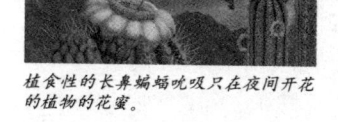

响尾蛇可以在夜间捕获猎物。

动物的绝妙防身术

动物一生中面临着很多危险：天灾、天敌、疾病等等。尤其是弱小动物，需要随时防备天敌的侵犯，与之做斗争以求得生存。可以说，动物的防敌之术是五花八门、千奇百怪。

野蜘蛛的面部特写

■ 伪装诈骗术

东南亚的一种蜘蛛能为自己制造替身。当它捕捉到飞虫以后，就用蛛丝将飞虫层层缠绕，缠到飞虫的大小与它本身相仿时，它就把飞虫放到蛛网的显著位置上。那些以蜘蛛为食的飞鸟前来觅食时，常常会错把蜘蛛的替身当做目标，蜘蛛因而保全了性命。大洋洲伞蜥擅长装出一副凶狠的样子来吓退来犯之敌。伞蜥一般身长1米左右，一受到惊吓，它颈部满布刺状鳞片的褶皮就会鼓起，形成一个直径约60厘米的圆盘，身形突然显得增大很多。同时它还大张其口，露出鲜黄色的口腔，同时发出嘶嘶的响声。这使得敌人以为它是一种凶狠的动物，因而逃之夭夭了。北美洲枭目蝶的翅膀上长着一对像大眼睛似的圆点，可以吓退天敌。这种形似枭眼的圆点居然还有像眼球一样反光的光斑，奥妙至极。

伞蜥
嘴大大张开，使脖子上的褶皮展开。
这一大片松弛的皮肤在平时是折叠起来的。

枭目蝶的翅膀上长着吓敌用的"大眼睛"。

■ 放臭熏敌

放屁虫的自卫术可谓是"惊天动地"了。在遇到袭击时，它会爆出一声巨响，随即向前来袭击的敌人喷出混合着过氧化氢及醌醇的臭液。待敌人从巨响和臭液中清醒过来时，放屁虫早就逃得无影无踪了。"臭"名昭著的臭鼬，也会用毒液袭击敌人。这种毒液是一种名为硫醇的硫化物，奇臭无比，中了这种毒液的动物虽然不至于丧命，但以后只要再碰上臭鼬，必定对它避而远之。可见，毒液的威力还是不小的。

臭鼬用毒液熏走红狐狸。

深入虎穴

有一种狡猾的动物——黏盲鳗，相貌和鳝差不多，周身布满了黏液。它的脊椎是由软骨组成的，身体非常柔韧。这种动物在猎捕食物时先将自己的身体打个结，然后把利齿插入对方（一般是鱼类）的鳃内。然后，它凭借着身上的结拼命扭动着往里钻，越钻越深，最后完全进入对方的体内。这时，黏盲鳗便可以放心地吃已经死去或仍在垂死挣扎的俘虏。据说，这种滑溜溜、懂得打结的生物到目前为止还没有天敌。

盲鳗

动物的神奇再生术

相对于人类来说，一些低等动物的生命力竟要顽强得多。当人类想尽方办法寻找异体移植的可能性时，这些低等动物却拥有令人惊羡的再生能力。它们不需要从其他同类那里寻找替代物，自身便可重新长出失去的部分，完全恢复受伤之前的状态。

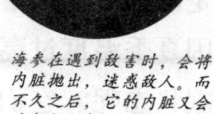

海参在遇到敌害时，会将内脏抛出，迷惑敌人。而不久之后，它的内脏又会重新长出来。

■ 断尾保命

许多人对壁虎的神奇逃生术并不陌生。当壁虎被敌人抓住尾部时，它会突然自动断去尾巴，趁敌人发愣之时匆忙逃走。这种出人意料的逃生术成功地挽救了许多壁虎的生命。与壁虎类似，蜥蜴也具有同样的逃生方法。在遭受危险时，蜥蜴往往自行断除尾巴。断尾虽然脱离了身躯，却能在短时间内继续抽动不已，用以迷惑敌人，而蜥蜴却趁机逃走。蜥蜴尾部断口处的肌肉会在一瞬间收缩、硬化，防止断口处流出血液，并生成细胞块。这些细胞块组织具有一种叫做"再生芽"的生长细胞，这种细胞以极快的速度分裂、生长，所以蜥蜴能在很短的时间内长出一条新尾巴。蜥蜴与壁虎只有尾巴可以再生，而有的动物如螃蟹和蚯蚓可以再生脚或躯干。

视力很好。

眼睛后是张开的耳朵。

蜥蜴的尾巴可以再生。

大大的眼睛能够在黑暗中看见猎物。

断尾保命的壁虎

脚趾上有尖尖的爪子和窄窄的趾垫。

蚯蚓的残躯能复活。

具有再生能力的螃蟹

■ 断脚再生与残躯复活

螃蟹的脚虽然多达8只，可它还是十分爱惜自己的每只脚。只不过这种爱惜并不是体现在拼命保护每只脚上。相反，在搏斗中伤到脚的螃蟹，会迅速将自己的脚折断，断折处会立刻分泌出一种透明的体液覆盖着伤口，使伤口凝固。不久，从断口处会长出新的脚来。螃蟹以这样的方式，保持了自己脚的完美无缺。无论是螃蟹、蜥蜴还是壁虎，它们的再生能力都是局部性的。切掉它们身体的其他部位，再生能力并不能得到体现。然而自然界中还存在一些动物，具有惊人的全身再生能力。这些动物通常更加低级，其中的典型代表是蚯蚓。如果将蚯蚓切断后保留两截断体，你会发现不久之后一条蚯蚓会变为两条。有头的半截会长出尾来，而有尾的半截又会长出头来。这种惊人的再生能力让人类羡慕不已。

揭开动物休眠的奥秘

动物的休眠包括冬眠和夏眠两种。冬眠是动物对冬季气温低、食物少等不良环境条件的一种适应。夏眠则是动物对炎热干旱季节的一种适应，如沙蜥、草原龟会因夏季温度过高而进入休眠时期。动物为什么会进入休眠状态呢？它们的身体在休眠过程中会有什么变化呢？

刺猬会为自己储存一些食物，以备冬季休眠醒来时食用。

■ 冬眠的动物

像青蛙、蛇等动物的体温会随着外界气温的变化而变化，属于变温动物。到了秋冬季节，气温降低，为了适应低温条件，它们只好潜入水底或躲进洞穴、缝隙中休眠，将体内的新陈代谢降到最低水平，以所积累的脂肪为营养物质缓慢使用，来维持生命的最低需求。不同的动物在休眠时期的状态也不尽相同。青蛙、蛇等变温动物在整个冬眠时期基本上都不吃、不喝、不动、不醒，直到天气转暖。所以如果强制性地改变外界环境的温度，它们会随之发生体温变化，并产生一系列反应。如夏天把青蛙放进冰箱，它会冬眠；将冬眠着的青蛙带入温暖的室内，它会随之苏醒，告别冬眠状态。而刺猬、熊等恒温动物在冬眠时能自行调节体温，每隔一段时间还会苏醒过来，然后再继续呼呼大睡。它们不会随外界强制性的温度变化而进入休眠状态。

暴风雪来临时，熊向着它冬眠的洞穴慢慢走去。

■ 对极限温度的适应性

休眠时，动物的生命活动减缓，通常表现为停止取食、不活动、昏睡、呼吸微弱和体温下降等。休眠前，这些动物都要为增加体内脂肪积极觅食，以备休眠期和苏醒时期的需要。动物对高温与低温的忍受力都有极限。高温对生命体有破坏作用；低温则使动物的机体组织冻结，细胞结构被破坏，最后因代谢作用停止而死亡。动物的冬眠与夏眠正是动物对极限温度的适应性表现。

冬眠的动物
蝙蝠　睡鼠　獾　乌龟　蛇　蜥蜴　熊　刺猬　蜗牛　青蛙

动物的防震高招

在大英博物馆里有一个独特的陈列品。一块34厘米厚的捕鲸船船板中间，嵌着一根长30厘米长、圆周为12.7厘米的箭鱼之"箭"，船被戳破了，"箭"却完好无缺。箭鱼头上的"箭"为什么不怕撞击呢？还有，"森林医生"啄木鸟每天都要敲打树干，它为什么不会得脑震荡呢？

箭鱼生活在广袤无垠的大海里。

箭鱼

箭鱼一般生活在太平洋、大西洋和地中海。箭鱼头部的上颌十分突出，骨质坚硬，好像一支锋利的长箭。箭的长度几乎占了全身长度的1/3。科学家认为，箭鱼的锐利长箭并不是作为武器发展起来的，而是代表一种高速的流线形体。在海中，尖吻起到了劈水破浪的作用，使箭鱼的游速达到了120千米/小时。箭鱼游速快，冲击力量也大。它在大海中横冲直撞，碰上巨鲸，能刺伤巨鲸，撞上船舰，能穿透甲板。

■ 箭鱼的防震器

科学家们对箭鱼进行了专门研究，发现"箭"的基部骨头呈蜂窝状结构，孔隙中充满了油液，好像是多孔的冲击波吸收器。箭鱼的头盖骨结构相当紧密，又跟"箭"的基部连成一体，所以使箭鱼能够经受很强的冲击力。这真不愧是一个天然的防震器。这种结构被科学家所借鉴，后来在设计制造航天飞机时得到了应用。动物的天然防震器不只独此一家，啄木鸟那构造特殊的头部也是名副其实的高效防震装置。

■ 不会得脑震荡的啄木鸟

啄木鸟的嘴每天要敲打树干500～600次，嘴啄树木的冲击速度是2080千米/小时。当啄木鸟的头部从树上弹回时，减速的冲击力大得惊人——约有1000个重力常数。要知道，一辆汽车如果以56千米/小时的速度撞在一堵砖墙上，其力量也不过是10个重力常数而已。奇怪的是，啄木鸟从来不会得脑震荡，头颈也不会受到任何损伤。原来，啄木鸟的头部构造与众不同：脑子被细密而松软的骨骼包裹着；在脑子的外脑膜与脑髓之间，有一条狭窄的空隙，这样一来，通过流体传播的振动波也就得到减弱；头部强有力的肌肉系统，能起吸震和消震的作用。另外，啄木鸟的头部和它的"钢凿铁嘴"，总是一前一后地做直线运动，从不做侧向运动。根据啄木鸟头部的奇特构造和运动方式，人们设计了一种新型的安全帽和防撞盔，可以避免因突然的旋转运动造成的脑损伤。

长长的舌头顶端有许多钩，可以增强捕获昆虫的能力。

特殊的明暗相间的图案便于在树林间伪装。

凿子般的喙便于钻入树木。

坚硬的尾部羽毛支在树干上，为身体提供额外的支撑。

啄木鸟

不怕寒冷的熊

北极熊又名白熊，分布于北极及其附近国家，以冰岛、格陵兰岛、加拿大和俄罗斯北部的一些海岛上居多。能在地球上极寒冷的地方生存的动物，一定有它适应自然、适应环境的生存方法。那么，北极熊是如何抗御寒冷，将极地当成乐园的呢？

长脖子使北极熊在游动时能将小脑袋抬到水面上。

北极熊一家

慵懒的北极熊

冰上舞蹈

■ 抗寒的体毛

北极熊对寒冷环境的适应性典型表现在它的体毛上。北极熊身体表面的毛分两层：外层是针毛，较粗糙，毛管透明，能把照射到身上的阳光全部吸收。内层是短而密的绒毛，毛与毛之间充盈着空气，令吸收的热量不致散发，并能保持体温。所以，北极熊能抵御北极地区的严寒。北极熊毛色雪白也是它对北极寒冷生活的适应性表现。纯白的毛与冰天雪地的环境色彩协调一致，有利于它猎捕食物。这正是北极熊为适应栖息环境而具有的与环境色彩相似的保护色。

■ 冰上防滑的奥秘

生活在我国北方的人都知道，冬天下过大雪后，路上一旦结冰，就滑不留足，稍不当心，就会跌跤。北极一带常年天寒地冻，北极熊在茫茫的冰原上奔跑时为什么不会滑倒呢？秘密就在它的脚掌上。原来北极熊的脚底长有一层密密的毛，而非光滑的肉掌。这增大了脚掌与冰面之间的摩擦力，使它在奔跑时不会摔跤。这也是北极熊对北极寒冷生活的适应性表现。

极地之王的生活

北极熊喜欢独居，常随浮冰漂泊。它性情凶猛，行动敏捷，善游泳，能潜水，以海豹、鱼、鸟、腐肉、苔原植物等为食。北极熊是北极地区的动物之王，没有任何天敌，所以生活起来随心所欲，连睡觉的样子也是千姿百态。北极熊的繁殖期为3～5个月，孕期约8个多月，每胎产1～4仔，寿命25～30年。目前世界上有北极熊约2万只，其中有1万多只生活在加拿大北部。

北极熊的甜蜜爱情

北极熊

不怕寒冷的企鹅

秋风渐起，许多候鸟在繁殖地的气候即将变冷时，纷纷迁徙到温暖的南方过冬。而在终年冰雪覆盖的南极大陆上，却安然地生活着不怕冷的鸟类——企鹅。企鹅为什么能不畏严寒呢？它们过着怎样的生活呢？

企鹅会排队行走。

■ 抗寒之谜

企鹅是鸟类世界中适应于严寒水域生活的鸟类。它们全身披覆着像鳞片一样的羽毛，又浓密又厚实。由于双翅已经转变成发达的鳍脚作为划水用的工具，企鹅也因此失去了飞行的能力。企鹅有着惊人的调节新陈代谢的能力。它的机体组织能十分协调地使用自己的能量。它用血液来协调身体活动的各个部分，包括心、脑、肌肉等，而其他组织的活动则十分平缓。这使它们即使生活在冰冷的南极水域中，也依然能够维持正常的机体机能与活动。企鹅坚硬、光滑的"羽被"，肥厚的脂肪层，独特的机体代谢能力，令它们成为了南极地区独一无二的鸟类。

企鹅腿非常短。
大而多肉的蹼趾

■ 企鹅的爱情

企鹅基本实行"一夫一妻"制。曾有生物学家花了10多年时间对近千只企鹅进行观察研究，发现80%以上的企鹅始终维持原配，甚至有一对企鹅共同生活了11年之久。企鹅常用对歌的方式求偶。在唱歌时，企鹅伴随着有趣的动作，一会儿相互扇动着翅膀，一会儿把扁平的长嘴向上昂起。生活在南极的阿德里企鹅，其求偶方式更加独特。雄企鹅求爱前要挑选一些在冰天雪地的南极很难找到的卵石作为见面礼。有的雄企鹅甚至会到邻居那里去偷取。求偶季节一到来，它们就把卵石虔诚地奉献给雌企鹅，然后退几步站在一旁观望。一旦雌企鹅认可了，它们便会用卵石在背风处筑起洞房，开始产卵育儿。

像毛皮一样致密的羽毛隔热性能极好。

不会飞的鸟——企鹅

具保护作用的皮肤皱褶

企鹅父子

动物界里的"数学家"

数学是人类创造的一个学科。如果有人对你说,有许多动物也精通数学,你一定会感到很奇怪。事实上,大自然中确实有许多奇妙的动物"数学家"。

■ 天才的数学家兼设计师

每天上午,当太阳升起与地平线成30°角时,蜜蜂中的"侦察员"就会去侦察蜜源。回来后,它用"舞蹈语言"汇报信息,于是蜂王便派工蜂去采蜜。令人啧啧称奇的是,蜜蜂的计算能力非常之强,派出去的工蜂不多不少,恰好都能吃饱,保证回巢酿蜜。此外,工蜂建造的蜂巢也十分奇妙,是严格的六角棱锥柱形体。令人惊讶的是,组成蜂巢底盘的菱形的所有钝角都是109°28′,所有的锐角都是70°32′。经过数学家的计算,如果要消耗最少的材料制成最大的菱形容器,正是这个角度。从这个意义上说,蜜蜂称得上是"天才的数学家兼设计师"。

蜜蜂修筑蜂巢。

轻薄透明的翅膀
大型复眼
多毛的胸部
蜜蜂
光滑的腹部

■ 蚂蚁和丹顶鹤的算术

蚂蚁的计算本领也十分高超。英国科学家亨斯顿做过一个有趣的实验。他把一只死蚱蜢切成三块,第二块比第一块大一倍,第三块比第二块大一倍。在蚁群发现这三块食物之后,聚集在最小一块蚱蜢处的蚂蚁有28只,第二块有44只,第三块有89只,后一组差不多都较前一组多一倍。看来蚂蚁的乘、除法算得相当不错。丹顶鹤总是成群结队地迁徙,而且排成"人"字形。这"人"字形的角度永远是110°左右,如果计算更精确些,"人"字夹角的一半,即每边与丹顶鹤群前进方向的夹角为54°44′08″,而世界上最坚硬的金刚石晶体的角度也恰好是这个度数。这是巧合,还是大自然的某种"契合"呢?

珊瑚虫的"日历"

珊瑚虫有过人的数学天赋,能在身上记下"日历"。珊瑚每年在自己的体壁上"刻画"出365条环形纹,显然是一天"画"一条。一些古生物学家发现,3.5亿年前的珊瑚虫每年所"画"出的环形纹是400条。天文学家告诉我们,当时地球上的一天只有21.9小时,也就是说当时的一年不是365天而是400天。可见珊瑚虫能根据天象的变化来"计算"并"记载"一年的时间,其结果还相当准确。

红珊瑚

蚂蚁齐心协力搬东西。

海豚的奥秘

海豚真的很聪明吗？解剖学的证据表明：海豚的脑又大又重，大脑半球上所形成的沟回又多又深，脑部十分发达，简直不逊于另一类被人们公认为聪明的动物——灵长类动物。聪明的海豚在海洋里是怎样生活的？关于它们有什么趣闻呢？

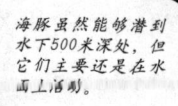

海豚虽然能够潜到水下500米深处，但它们主要还是在水面上活动。

嬉戏的海豚

海豚大脑发达，是最聪明的动物之一。

海豚通常聚集在一起，形成一个群体，一起游动，一起寻找食物，一起嬉戏。

■ 游泳健将

海豚是海洋里的游泳健将，最高游速可以达到40~50千米／小时。海豚的身体呈流线型，可以大大降低阻力。但游泳时，身体表面与水流仍会产生摩擦。当阻力增大时，普通船只靠螺旋桨等推动力的帮助克服水流阻力，而海豚是怎样消除这种阻力的呢？原来，海豚的皮肤大有文章。它极富弹性的皮肤表面分为表皮和真皮两层。在真皮上，生有布满孔道的海绵状物质。海豚游泳时，整个皮肤能够随着水流做起伏运动，这样能够消除高速运动时产生的涡流，从而使阻力大大下降。所以海豚无需花费多大力气就可以游得很快。

■ 海豚的"声呐"探测力

声呐是一种在水下利用回声来定位、测量距离和探测目标的设备。海豚的"声呐"探测能力很强。它能够在几米以内发现0.2毫米粗细的金属丝和10毫米长的小鱼。而且海豚的"声呐"能识别目标的性质。人们在海豚面前放置一条真鱼和一条假鱼，蒙上海豚的眼睛，结果发现海豚毫不犹豫地向真鱼方向游去。这一特点是人类所发明的声呐设备无法相比的。科学家发现，海豚头上长着的鼓包（叫额瓜）里有一种油质物，它能像光透镜聚光一样汇聚声波，把海豚发出的超声波汇聚成一个狭窄的波束，所以海豚的"声呐"具有很高的分辨力。

发出声波　贮气袋
呼吸孔
"额瓜"

中耳
接收声波　下颌骨

海豚的"声呐"
海豚通过发出200~350千赫频率的超声波来进行定位。海豚的超声波发生器位于头部，它发出的超声波碰到物体后，会产生回波。回波是由头部的某一部位及耳朵接收的。

奇异的动物"共生"

对于不同种属的生物,人们常见的是相互间的逐杀和争斗。可是,奇妙的大自然中也存在着另一种动物关系。这就是特殊的"共生"现象,即两种不同的生物相互依存,互惠互生。

寄居蟹与海葵共栖
海葵附着在寄居蟹的贝壳上,借其移动,获得食物或吃寄居蟹的剩残食物。

■ 海葵与双锯鱼

在海洋中,最著名的共生伙伴是海葵和小丑鱼。海葵色彩艳丽,栖息在浅海或环形礁湖的海底。小丑鱼很小,最长的不过十几厘米。小丑鱼与海葵为伍,主要是为了寻求庇护。海葵不但保护小丑鱼,还给它们提供食物。小丑鱼的主要食物是浮游生物,但也经常把海葵坏死的触手扯下来,吃上面的刺细胞和藻类。小丑鱼对海葵的好处主要是帮助它们清理卫生。海葵不能移动位置,因此很容易被细沙、生物尸体或自己的排泄物掩埋以至窒息而死。小丑鱼在海葵的触手间游来游去,搅动海水,冲走海葵身上的"尘埃"。

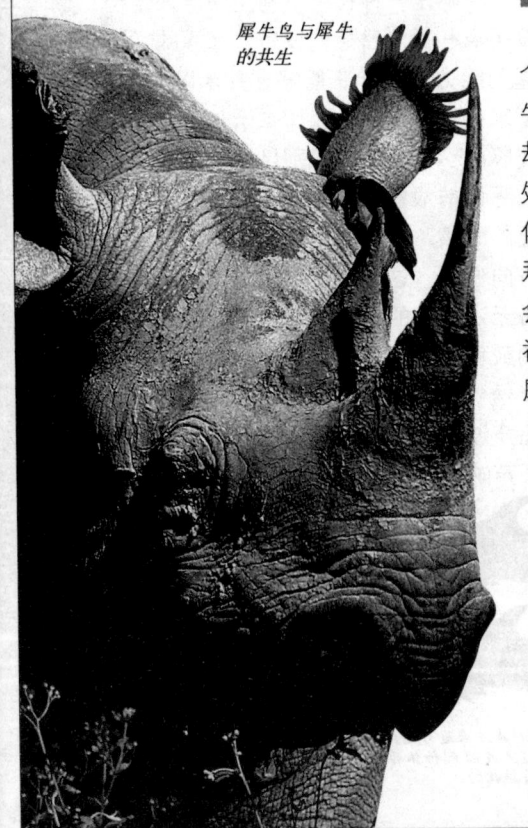

海葵与小丑鱼的共生

■ 犀牛与犀牛鸟

犀牛鸟与犀牛的共生

犀牛发性子时连大象都要远远地躲避它,但这个粗暴的家伙也有它的"知心朋友",那就是"犀牛鸟"。犀牛的皮肤坚韧厚实,但皮肤的褶皱之间却非常嫩薄,是寄生虫和吸血昆虫理想的攻击之处。犀牛除了往身上涂泥来防治害虫外,主要还是依靠这种小鸟。犀牛鸟停栖在犀牛背上,可以啄食那些害虫,作为自己的主要食物。此外,犀牛鸟还会及时向犀牛报警。因为犀牛的嗅觉和听觉虽灵,视力却非常差,有敌害悄悄地向犀牛发动袭击时,犀牛鸟就会飞上飞下,以此引起"朋友"的警觉。

鳄鱼与千鸟

埃及尼罗鳄与千鸟的关系密切而惊险。每当鳄鱼饱餐一顿后,都会懒洋洋地躺在沙滩上,张开大嘴。这时令人惊叹的一幕发生了:千鸟轻巧地跳进鳄鱼的嘴里,用它的长喙在鳄鱼的牙缝中捡食食物残渣。千鸟在鳄鱼口中为它"清洁"口腔,昏昏欲睡的鳄鱼常常会不自觉地把嘴闭上。这时,千鸟只要用长长的尖喙在鳄鱼嘴里啄一下,鳄鱼就会听话地张开大嘴,让千鸟继续工作。通过这种合作,鳄鱼清洁了口腔,而千鸟则填饱了肚子。

这只鳄鱼刚把一头牛吞到肚子里。

[第七章]
Part 7
古怪植物

这是一个看似无声无息，实则纷繁复杂、奇趣无穷的世界。你以为植物与人不同，应该没有知觉吧？其实植物不仅有听觉，还有嗅觉、触觉和视觉。你不知道植物也会睡觉吧？你知道植物的种子也会旅行吗？它们能飞到很远的地方扎下根来。你知道树干为什么长成圆的而不长成方的吗？……植物世界奥秘无穷，让我们一起出发去探索吧！

植物的感观知觉

植物并不像人们所想象的那么无知无觉。事实上，科学家现在正逐渐意识到植物是复杂的生物体——它们可以看到东西，有嗅觉、触觉，也许还有听觉。

温度的上升证明花在呼吸。

天南星的花的呼吸

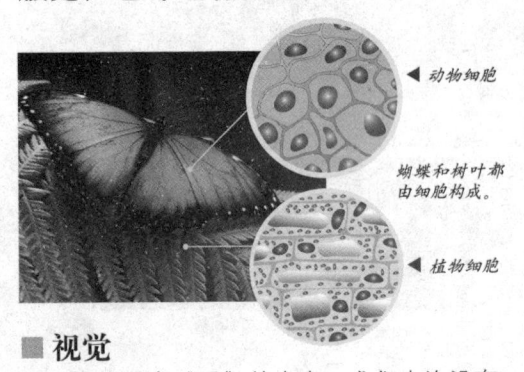

动物细胞

蝴蝶和树叶都由细胞构成。

植物细胞

■ 视觉

植物还有"看"的本事。它们也许没有眼睛，但生物学家通过实验证明，植物体内含有觉察光的蛋白质。植物组织内含有光敏色素蛋白质，它们可以"分辨"光的强弱。植物能感觉光照射过来的方向，光的方向使植物知道早上什么时候该"醒来"，也能促使植物分泌出栎精和堪非醇这两种无色色素。这两种色素能过滤阳光，并发挥"遮光剂"的作用来保护植物免受强烈的紫外线的照射。

植物在受到风的打击后，会把更多的能量用于强化茎干。

■ 听觉和嗅觉

植物有触觉，也看得见，也许还能听见声音呢！莫迪凯·贾菲教授通过向矮豆植株不断播放70～80分贝——比普通的人声略高的"颤声"，使这种植物的生长速度加快了一倍。种子的发芽率也能通过同样的方法大大加快。植物还具有对气味敏感的嗅觉。当植物受到害虫攻击时，就能分泌出一种气味来提醒其他植物。健康的植物在"闻到"或"听到"警告后便迅速开始释放令害虫讨厌的特殊气味。

■ 触觉

植物是适应自然环境的能手。最著名的食肉植物捕蝇草在进化过程中具备了触觉，所以当昆虫掠过它的"触须"时，它的"下巴"就会合上，不幸的昆虫就成了瓮中之鳖。达尔文曾指出这种行为模仿了动物的神经系统反应。当捕蝇草的触须被碰到时，会产生类似动物神经冲动的电脉冲。然而两者的反应速度大不相同：动物神经冲动的传播速度为每秒100米，而植物体内电脉冲的传播速度仅为每秒3厘米。

有17个不同科的大约1000多种植物是有触觉的。它们的这种反应能力十有八九是从细菌——即所有植物的祖先那里继承来的。细菌可以通过产生微弱的电信号对刺激做出反应。

所有的植物在被触碰时都会做出反应，只是这种反应相对人来说，是极其微弱的。

植物的情感世界

在迪斯尼动画片里，自然界的植物比人还有灵气。一旦危险降临，树木会把枝丫折回，灌木会蜷缩，花朵会合拢，野草会用叶子向远方的同伴传递信息。以前，人们把类似的情况看成是植物的本能，是一种对外部刺激的无条件反射。可是现在，人们却对此产生怀疑，并提出了植物有情感，植物有喜怒哀乐，植物有心理活动等"奇谈怪论"。

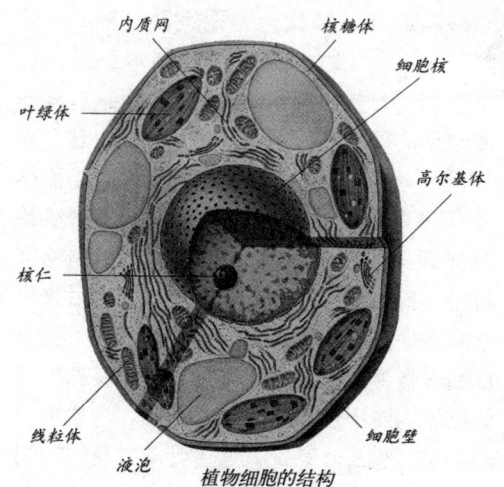

20世纪以来，科学家的大量研究表明：植物有头脑、有感情。

植物细胞的结构

■ 能欣赏音乐的植物

植物能欣赏音乐吗？科学实验证明，植物确实能欣赏音乐。印度有一位音乐家经常在花园里拉小提琴，结果发现园中的花木长得格外茂盛。后来他有意识地让水稻每天听25分钟的音乐，结果发现，听了音乐的水稻比没有听音乐的水稻长得快得多。为什么植物能欣赏音乐呢？原来音乐的声波能使植物表面气孔增大，从而促进植物的生命活动。因为气孔的扩大有利于二氧化碳、氧气及水分的进出，加强了光合作用和蒸腾作用的效果。不同植物对音乐的敏感频率不一样。科学家经过研究各种植物的最佳声频后，可以针对不同植物，用不同的声波刺激以获得高产。

■ 植物的紧张情绪

在现代社会中，许多因素会使人神经紧张，比如忙碌、噪声、考试等等。科学家们发现，植物同样也会因生命受到威胁而紧张。植物在紧张时，会释放出一种名为"乙烯"的气体。植物越紧张，释放出的乙烯也就越多。研究人员发现，当空气严重污染、空气湿度太大或太小、火山喷发、动物啃吃植物的树叶或大量昆虫蚕食植物时，植物都会紧张，释放出乙烯气体。科学家们还发现，经常受到威胁而紧张的植物，其生长速度会大大减慢，甚至会枯萎而死。

植物之间能互相传递信息，进行交流。

巴克斯特的离奇实验

1966年2月，一位名叫巴克斯特的情报专家异想天开地把测谎仪器的电极绑到一株天南星植物的叶片上，想测试一下水从根部到叶子的上升速度究竟有多快。结果，他惊奇地发现，当水从根部徐徐上升时，测谎仪上显示出的曲线图形居然与人在激动时测到的曲线图形非常相似。巴克斯特的发现引起了植物学界的巨大反响，并由此掀起了探索植物心理奥秘的浪潮。巴克斯特的这一发现后来被人们称为"巴克斯特效应"。

植物细胞的呼吸作用

植物睡眠之谜

睡眠是人类生活中不可缺少的一部分。经过一天的工作或学习，人们只要美美地睡上一觉，疲劳感就会消除。动物也需要睡眠，有的甚至会睡上一个漫长的冬季。可是你知道吗？自然界里的植物也是需要睡眠的。

植物的睡眠实际上是其在漫长的进化过程中对环境的一种适应。

■ 爱睡觉的叶子

每逢晴朗的夜晚，我们只要留心观察周围的植物，就会发现一些植物发生了奇妙的变化。比如公园中常见的合欢树，它的叶子由许多小羽片组合而成，在白天舒展而又平坦，可一到夜幕降临时，就会成对成对地合拢起来，这就是植物睡眠的典型现象。花生也是一种爱睡眠的植物，从傍晚开始，它的叶子便慢慢地向上竖起，表示白天已经过去，它要睡觉了。不仅植物的叶子有睡眠要求，就连娇柔美艳的花朵也需要睡眠。例如，在水面上绽放的睡莲花，每当旭日东升之际，它那美丽的花瓣就慢慢舒展开来，似乎刚从酣睡中苏醒。而当夕阳西下时，它又会闭拢花瓣，重新进入睡眠状态。它这种"昼醒晚睡"的规律特别明显，因此得名睡莲。

蒲公英的花入睡时，所有的花瓣都向上竖起并闭合起来。

事实证明，许多植物同动物一样，也需要适当的睡眠。

■ 一种保护性反应

植物睡眠在植物生理学中被称为睡眠运动。植物的睡眠运动能给植物本身带来什么好处呢？起初，用来解释睡眠运动的理论是"月光理论"。提出这个论点的科学家认为，叶子的睡眠运动能使植物尽量避免遭受月光的侵害，因为过多的月光照射可能干扰植物正常的光周期感官机制，损害植物对昼夜长短的适应。后来科学家又发现，有些植物的睡眠运动并不受温度和光强度的控制，而是由于叶柄基部中一些细胞的膨压变化引起的。例如，合欢树、酢浆草、红三叶草等，通过叶子在夜间的闭合，可以减少热量的散失和水分的蒸腾，起到保温保湿的作用。另外，合欢树的叶子不仅仅在夜晚会闭合，在遭遇大风大雨袭击时，也会渐渐合拢，以防柔嫩的叶片受到暴风雨的摧残。这种保护性的反应是对环境的一种适应。

合欢树的叶子在晚上会进入睡眠状态。

昼醒夜眠的花——睡莲

植物报时钟之谜

18世纪著名的植物学家林奈，经过对植物开花时间的多年研究之后，把一些开花时间不同的花种在自家的大花坛里，制成了一个"报时钟"。人们只要看看"报时钟"里种植在哪个位置的花开了，就可以知道大致时间了。这是为什么呢？

紫星矮牵牛花一般在清晨开放。

■ 植物的花期

原来，就一天而言（在植物花期内），植物的开花时间大体是固定的：蛇麻花约在凌晨3点开，牵牛花约在凌晨4点开，野蔷薇约在清晨5点开，芍药花约在早上7点开，半支莲约在上午10点开，鹅鸟菜约在中午12点开，万寿菊约在下午3点开，紫茉莉约在下午5点开，烟草花约在傍晚6点开，丝瓜花约在晚上7点开，昙花约在晚上9点开。林奈正是根据各种花卉的开花时间而设计"报时钟"的。

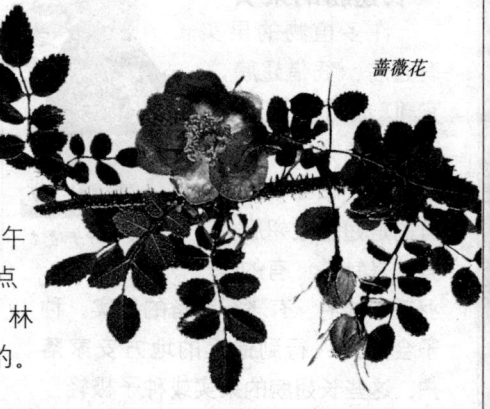

蔷薇花

各种植物的开花时间都是固定不变的，这是长期自然选择作用的结果。

有趣的"报月钟"

就一年来说，植物进入花期的月份也是大致不变的。有人把始花期月份不同的12种花卉编成了歌谣：一月腊梅凌寒开，二月红梅香雪海，三月迎春报春来，四月牡丹又吐艳，五月芍药大又圆，六月栀子香又白，七月荷花满池开，八月凤仙染指盖，九月桂花吐芬芳，十月芙蓉斗百态，十一月菊花放异彩，十二月品红顶寒来。如果有人在一个适当的地方，把这12种花卉按一定的顺序栽种，那么也可以组成一个"报月钟"。

荷花一般在11月盛放。

■ 自然选择的作用

为什么各种植物都有自己特定的开花时间，而且固定不变呢？这是植物在长期的自然选择作用下形成的，以利于植物自身的生存。如在海滨的沙滩上生活着一种黄棕色的硅藻，每当潮水到来之前，它就悄悄地钻进沙里，以免被猛烈的海潮冲走；当潮水退去时，它又立刻钻了出来，沐浴在阳光下，吸收阳光，进行光合作用。科学家经过研究后发现，这种现象是由遗传基因控制的，因此可以代代相传，形成一种习性。如果把硅藻装入玻璃缸里，拿回家观察，就会发现：即使已没有潮汐的涨落，可它仍然像生活在海滩时一样，每天周期性地上升和下落，其时间和海水涨落的时间完全一致。

睡莲科莲属著名花卉——荷花通常在7月开放。

植物种子旅行的奥秘

植物是靠种子繁衍后代的。喜欢到大自然中旅行的人，如果注意观察就会发现：有些植物如野生兰花，有时在幽谷涧边默默无闻，有时在山腰浅坡望穿秋水，有时在池边湖畔探头浅笑，甚至在全国各地均可觅其芳踪。为什么同一种植物的后代能如此繁荣昌盛，遍布四面八方呢？

■ 长翅膀的果实

许多植物的果实长有翅膀，凭借翅膀，它们成了"飞将军"。植物的"飞行装备"还相当不错，有的是翅膀或翅膜，有的是针芒，有的是羽毛或绒毛。有飞行装备的果实、种子会随风飞行到遥远的地方安家落户。这些长翅膀的果实或种子极轻，飞起来相当轻松。科学家发现，桦树的翅果能飞到1千米以外的地方，长着酷似船帆翅膀的云杉种子能飘到10千米以外。许多植物经过长期的自然选择，借助风力帮助它们繁衍后代，这正是大自然优胜劣汰的又一体现。

小球果的种子通过小鸟传播。

各式各样的"飞将军"

果实或种子上长"翅膀"的植物种类非常多。如百合和郁金香的种子本身就长成薄片状，在风里像滑翔机一样滑翔；蒲公英的种子头上长了一圈冠毛，风把它托得高高的，果实垂在下面，像一顶降落伞；生长在草原上的羽茅，果实上长着羽毛，被风吹得很远，风停了，它就像降落伞一样竖直落地，果实旋转着插入土中。

核 / 果实 / 中果皮 / 外果皮

■ 种子旅行的绝招

有些植物，如苍耳，种子外面生有刺毛、倒钩，像一个个绿色的刺猬。当人或动物经过时，能挂在或黏附于人的衣裤或动物皮毛上，伴随着人或动物的活动而免费旅行。还有一些种子是某些动物的食物，如松鼠非常爱吃松果，常把它从树上摘下并埋到土中以备过冬之需，除吃掉的一小部分外，剩下的则就地自行萌发。还有些植物果实色鲜味甜、果汁多，如红樱桃，小鸟非常爱吃，果肉被消化了，种子有坚韧的种皮保护，随粪便排出体外落地生根，真是一举两得啊。还有些种子，如蚕豆、油菜等，在果皮变干收缩时产生爆裂，把种子弹出，分散到远处。植物有这么多传播种子的方法，怪不得植物的种子可以到处"旅行"呢！

胚乳能提供给种子萌发与成长所需的营养。
种皮主要起保护作用。
种子的结构
胚由胚根、胚轴、胚芽和子叶四部分组成。

红柳开花萌果后，果实裂成三瓣，撒出许多细小的种子，借助顶端的毛束，轻盈地飞翔，去远方扎根。

植物也会"出汗"

有时候，我们能看见植物叶子的尖端或边缘，有一滴滴的水珠淌下来。有人说这是露水吧！真的是露水吗？让我们来细心观察一番。你看，那亮晶晶的水珠慢慢地从植物叶片的尖端冒出来，逐渐增大，掉落下来……一滴一滴地连续不断。显然，这不是露水，因为露水应该布满叶面。那么，这些水珠无疑是从植物体内跑出来的了。这是怎么回事呢？

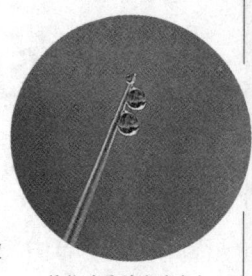

植物叶子的尖端流出了一滴滴的水珠。

■ 吐水现象

在植物叶片的尖端或边缘有一种小孔，叫做水孔。它和植物体内运输水分与无机盐的导管相通，植物体内的水分可以不断地通过水孔排出体外。平常，当外界的湿度不高、气候比较干燥的时候，从水孔中排出的水分很快就蒸发散失了，所以我们看不到叶尖上有水珠积聚起来。如果外界的温度很高，湿度又大，高温使根的吸收作用旺盛，湿度过大则抑制水分从气孔中蒸散出去，这样，水分只好直接从水孔中流出来。在植物生理学上，这种现象叫做"吐水现象"。吐水现象在盛夏的清晨最容易看到，因为白天的高温使根部的吸水作用变得异常旺盛，而夜间蒸腾作用减弱，湿度又大，植物体内水分过剩，就出现了"吐水现象"。

植物的蒸腾作用

植物的吐水现象

■ "哭泣"的植物

植物的吐水现象在稻、麦、玉米等禾谷类植物中经常发生，在芋芳、金莲花等植物上也很显著。芋芳在吐水最旺盛的时候，每分钟滴下190多滴水珠，一个夜晚可流出10～100毫升的清水呢！木本植物的吐水现象就更有趣了。在热带森林中有一种树，吐水时滴滴答答，好像在"哭泣"似的，当地居民干脆把它叫做"哭泣树"。中美洲多米尼加的雨蕉也会"哭泣"。雨蕉在温度高、温差大、水蒸气接近饱和及无风的情况下，体内的水分就会从水孔中溢出来，一滴滴地从叶片上坠落下来，当地人把雨蕉的这种吐水现象当做下雨的征兆："要知天下雨，先看雨蕉哭不哭。"因此，人们都喜欢在自己的住宅附近种上一棵雨蕉，作为预报晴雨之用。自然界中的这些奇妙现象是多么有趣啊！

麦芒针上会凝聚一些水珠，那是从它体内分泌出来的。

"哭泣"的植物

叶子的奥秘

夏季暴雨过后，空气中弥漫着草木的清香。放眼望去，满目苍翠欲滴。待到金秋时节，树叶却由绿变黄了。到了深秋，黄叶纷纷飘落下来，形成"黄叶舞秋风"的美景。你知道为什么植物的叶子有绿色、红色等颜色吗？为什么叶子一到秋天就变成了黄色，而且还会随风飘落呢？

■ 叶子颜色的奥秘

植物的叶子中有各种色素，最主要的是绿色的叶绿素和黄色的类胡萝卜素两大类。由于叶子中叶绿素比类胡萝卜素的含量高，所以正常叶子的叶色总是呈绿色。而有些植物的叶子常年都是红色的，这是因为其叶细胞中还含有藻红素等较多的红色色素。在秋天，由于气候条件的变化使得叶绿素被破坏或分解，数量减少，而类胡萝卜素则比较稳定，所以，叶片普遍变黄。另外，秋天温度降低，植物体内会积累较多的可溶性糖，如葡萄糖、蔗糖等以适应寒冷，这有利于红色素的形成。因此，有些树木如枫树、乌桕树、槭树等的叶子，一到秋天就变得一片火红，形成"霜叶红于二月花"的奇观。著名的北京香山红叶就是这样形成的。

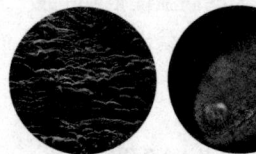

■ 叶子凋落的奥秘

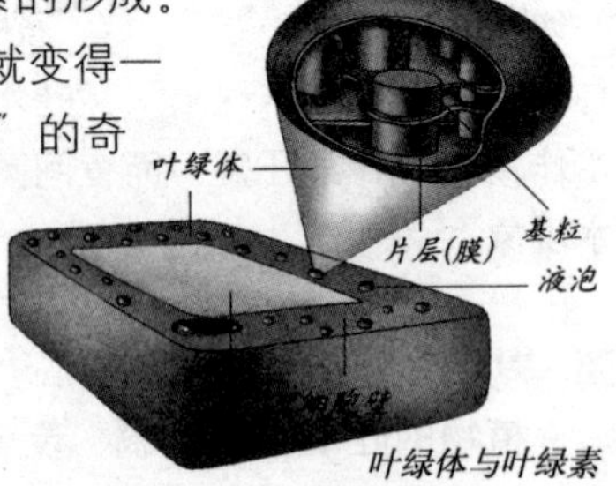

秋天来临时，日照渐渐变短，温度也逐渐降低。植物接收到外界环境的信号后，就开始发生一系列生理变化：蛋白质等物质的合成作用减弱，分解作用加强，光合作用和呼吸作用下降，慢慢步入衰老。植物在衰老过程中，叶柄基部会产生离层，离层约有1～3层细胞厚。在乙烯、脱落酸等激素的作用下，纤维素酶和果胶酶等活性增强，分解了离层细胞壁物质，并使它与离层细胞之间分离开来。这样，离层细胞之间的联系非常脆弱，稍加一些外力如风力，叶柄就会自然脱落。因而，多数植物在秋天会落叶。

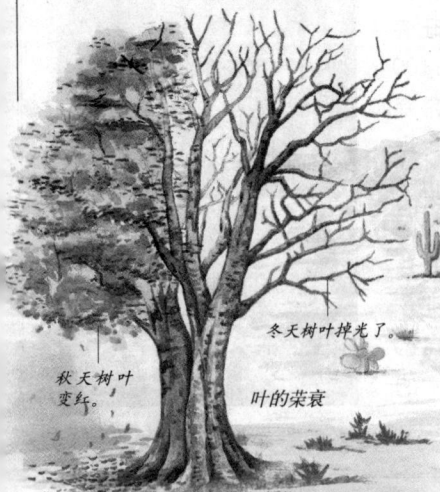

花的谜团

不同的植物开出不同的花，其颜色、形状、大小都不相同，各种各样的花构成了五彩缤纷的植物世界。那么，花到底是由哪些部分组成的？为什么南方的花比北方的花颜色更艳丽？为什么山上山下的花不是在同一时间开放呢？

五彩缤纷的鲜花世界

■ 南花艳丽北花素

植物从开花到结果大多需要授粉。植物授粉有不同的方式。有些植物靠风来传粉，这些植物称为风媒传粉植物，它们的花称为风媒花。还有些植物的传粉依靠昆虫，这类植物称为虫媒传粉植物，它们的花也称为虫媒花。风媒花的花瓣一般不会很大，花瓣太大了对风吹传粉来说太累赘，所以，风媒花往往小而不艳。而虫媒花就不同了，虫媒花的花瓣一般比较大，并且十分艳丽。因为只有长成这样，昆虫才容易看得见。有些虫媒花还有蜜腺，可以分泌蜜糖，吸引一些昆虫去采蜜。南方比较温暖，昆虫种类比北方丰富。北方不仅比南方寒冷，而且风大。因此，南方的虫媒花比北方多，而在北方，风媒花的比例要大一些。这也是植物对环境适应的结果。

有些花的雌蕊高高突起，以吸引蜂蝶的注意。

■ 山上花开山下谢

唐代诗人白居易在游山时有过这样的经历。一天他来到一个山中寺庙，庙前一棵桃树花开正旺，满树芬芳。他有点不敢相信自己的眼睛，因为山下的桃花明明全都谢了。于是，他得了两句诗：人间四月芳菲尽，山寺桃花始盛开！为什么会这样呢？原来，植物开花受温度的影响。初春时节，气温是逐渐变暖的。在同一时间，山上的气温比山下低。当山下气温达到桃花开放所需要的温度时，山上还没有达到。所以，山上的桃花比山下开得晚。在高山上，不同高度的气温差异比较大，所以还有这样的说法："一山有四季，十里不同天。"

花的构造与花序

花是植物生殖器官的一种。借着花，植物的种族得以不断地延续下去。大多数植物的花是由花萼、花瓣、雄蕊和雌蕊四部分组成的。这四部分不完全具备的花叫不完全花，如桑树、荞麦的花只有萼片而没有花瓣；杨柳、胡桃的花既没有萼片，也没有花瓣。有些植物一株只开一朵花，如郁金香；有些植物一株会开许多花，如一丛盛开的蔷薇。如果许多小花按照一定顺序排列在花枝上，这样的花枝叫花序。花序分为很多种，常见的有穗状花序、总状花序、伞状花序和头状花序等。

总状花序　头状花序　穗状花序

树的奥秘

只要你平常对周围的树木稍加注意,就会发现一些司空见惯但却值得深思的现象:为什么所有树的树干都是圆的而不是方的?为什么有些树的心都空了,却还茂密繁盛、活得很好?为什么有些树又高又直,没有什么枝枝蔓蔓呢?关于这些问题,植物学家都给我们做出了解答。

树枝从树干上长了出来,伸展出一片片树叶。

小树愈长愈大,愈长愈高,主干也渐渐变粗,最后长成一棵大树。

水分和矿物质从树根部沿着树干向上运送。

养料是在树叶里制造的,然后向下输送到根部。

茎和叶的功能

■ 树干为什么是圆的

让我们来看看圆柱形树干的好处吧!首先,几何学告诉我们,如果有同样数量的材料希望做成容积最大的东西,那么圆柱形是最合适的形状了。其次,圆柱形有最大的支持力,使树干能支持住高大的树冠和丰产的果实。再次,由于树干是圆柱形的,所以大风很容易沿着圆面的切线方向掠过,减轻了对树的袭击。圆柱形树干是树木在漫长的进化道路上对环境适应的结果。

不死的空心老树

■ 空心老树为什么不死

生活中常可看到一些枝繁叶茂的空心老树,这种树木为什么还活着呢?其实空心并不是树木的致命伤。树木体内有两条繁忙的运输线——木质部和韧皮部。木质部是一条由下往上的运输线,担负着把根部吸收的水分和无机物质输送到叶片去的任务;皮层中的韧皮部是一条由上往下的运输线,把叶片制造出来的产品——有机养分运往根部。这两条运输线都是多管道的运输线,在一株树上,这些管道多到难以计数。所以,只要不是全线崩溃,运输仍可照常。有些树干虽然空心,可是空心的只是木质部中的心材部分,边材还是好的,运输并没有全部中断。因此,空心的老树仍旧能够存活和生长。

树木高直无枝

有些树又高又直,没有纵横的枝条,只在顶上有那么一小段长着树枝和树叶,看上去仿佛在一根电线杆顶上扎了一把伞。这是怎么一回事呢?原来,树木的生长首先必须依靠阳光,然而在一定面积上,阳光能给予的能量是有限的。这就使得树木不得不改变它的生长状况,以适应自然环境。在众多密布的森林里,大量的枝叶既影响通风又得不到充足的阳光,在消耗完本身的养料以后,就自然而然地枯死了,掉落了。这种现象叫做森林的自然整枝。

茎的传输系统

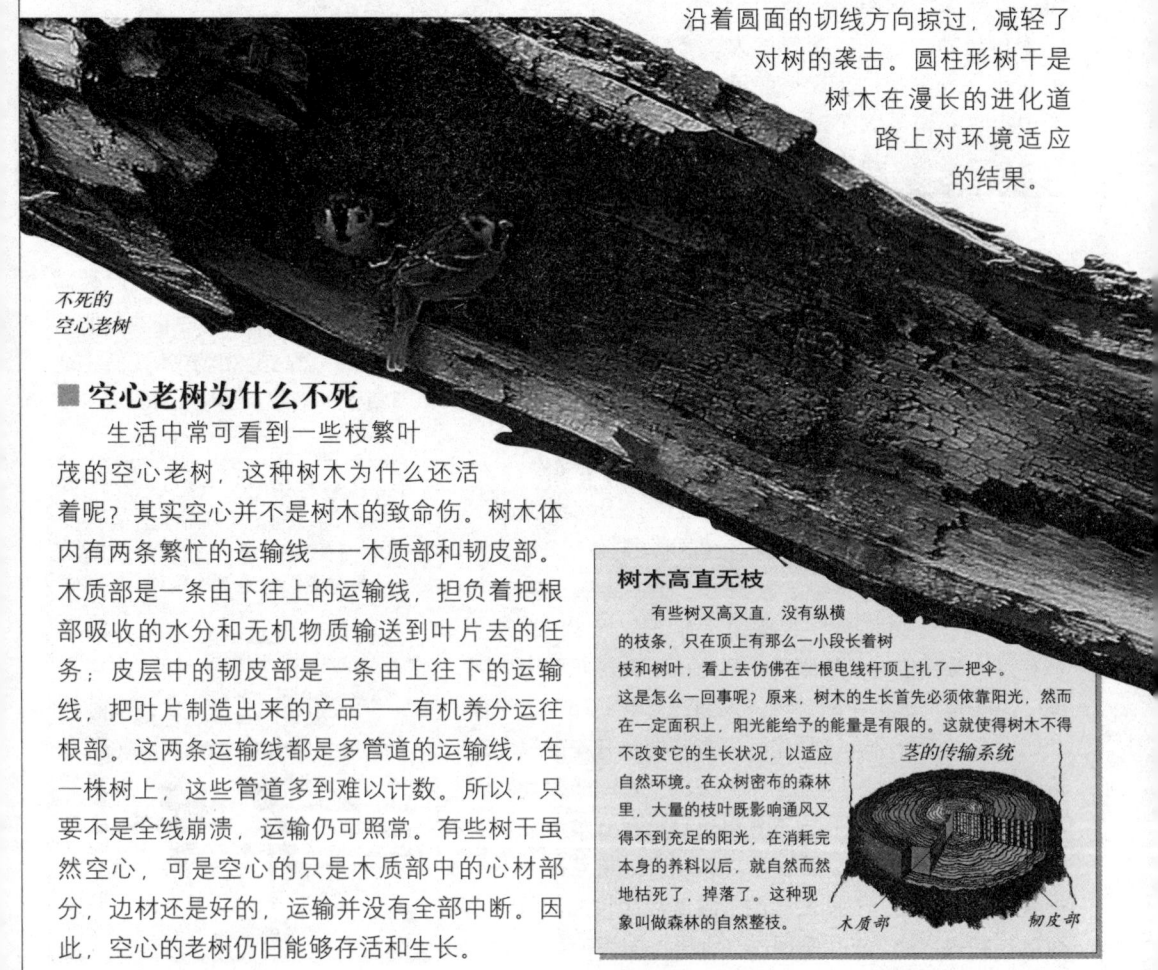

木质部　　韧皮部

根的奥秘

植物的根在地下分布得既深又广。它们紧紧抓住土壤，把植物固定在大地上，同时为植物的生长发育输送水分和养分。根作为植物的一部分，默默无闻地做奉献，一般人对它了解得不多，其实，它也有不少奇趣呢！

露出地面的老树根

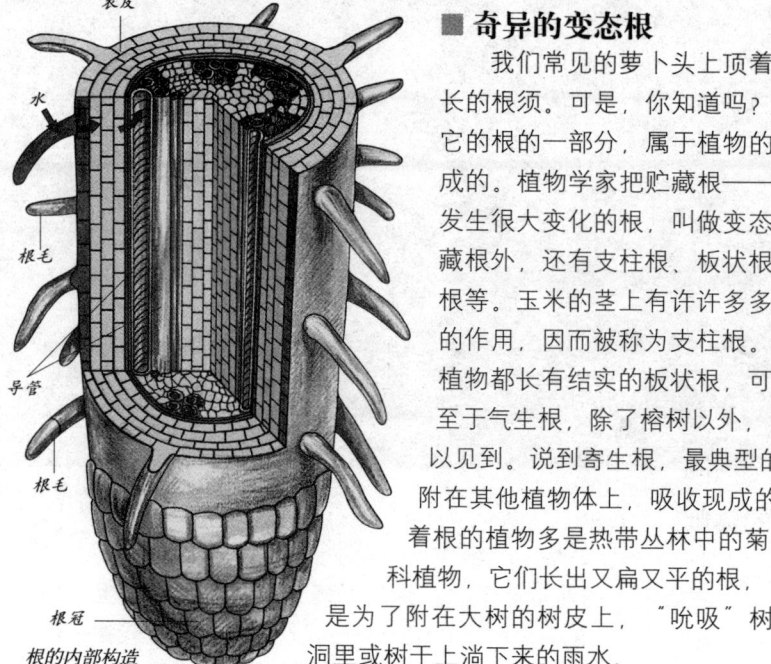

根的内部构造

■ 奇异的变态根

我们常见的萝卜头上顶着翠绿的叶子，尾部还有长长的根须。可是，你知道吗？萝卜胖乎乎的身体其实是它的根的一部分，属于植物的贮藏根，是由主根发育而成的。植物学家把贮藏根——这种形态、结构和功能都发生很大变化的根，叫做变态根。植物的变态根除了贮藏根外，还有支柱根、板状根、气生根、寄生根和附着根等。玉米的茎上有许许多多不定根，它们起支撑茎干的作用，因而被称为支柱根。热带雨林中，很多高大的植物都长有结实的板状根，可以有效地防止大树倾倒。至于气生根，除了榕树以外，吊兰和葡萄蔓上也可以见到。说到寄生根，最典型的是菟丝子，它吸附在其他植物体上，吸收现成的养料。长有附着根的植物多是热带丛林中的菊科植物，它们长出又扁又平的根，是为了附在大树的树皮上，"吮吸"树洞里或树干上淌下来的雨水。

豌豆的主根与侧根的发育

■ "无手雕刻家"

植物学家曾经做了这样一个实验：先在地里挖了一个30厘米深的坑，然后将一块光滑的大理石平平地放进去，上面用土壤盖好，然后在土中撒下一些芸豆种子。不久，芸豆苗出土了。等到芸豆的茎蔓上长出卷须时，将土扒开。这时你会发现芸豆苗的根紧紧地贴在大理石表面，原来光滑的石面被根"刻"上了纵横交错的纹路！芸豆的根为

大榕树的枝干上生有许多气生根，能充分吸收空气中的水分和养分。

什么能成为"雕刻家"呢？原来，植物的根在呼吸时吐出二氧化碳，这些二氧化碳溶解在土壤溶液中成为碳酸，然后再以离子交换的形式把大理石（主要成分为碳酸钙）分解成氧化钙和二氧化碳，氧化钙溶于水，随水被根毛细胞吸收。天长日久，大理石板表面就被"雕"出花纹来了。

植物长生不老的奥秘

在世界各地，到处可见年龄达数百、数千岁的老树，世界上寿命最长的植物——水杉，可以活4000年以上。而在动物界，即使是被视为长寿象征的乌龟，也顶多能活几百岁。人类的寿命就更短了。为什么植物的寿命远比动物的长呢？

在戈壁滩上顽强生存的胡杨木

中国云南镇沅县千家寨长着一株树龄600多岁的野生古茶树。

■ 长久的休眠

人类和动物，只要是相同的物种，都会以大致相同的速度成长、成熟、产子，并随年龄的渐增而老化，最后以既定的寿命结束一生。但是，植物却能够在一生的各个阶段休眠一阵子：比如冬天停止代谢，春天再开始生长。从同一棵草木上同时掉落地面的多粒种子，有的第二年立刻发芽，有的则躲在地下休眠数年乃至数十年，有些种子甚至经过几百年之后才发芽。据报道，中国科学家曾发现埋藏2000多年的古莲子。更令人惊奇的是，在人工培育下，这些古代的种子竟然还发芽开花了。

■ 单性繁殖

植物和动物都靠繁衍子孙而使生命延续。动物的繁殖需要精子和卵子的结合，即使是"克隆"，也需要有卵细胞或者胚胎细胞的参与。而植物却可以借助自身细胞（单细胞）来繁殖，它不停地分裂，"永不死亡"。切下一小块胡萝卜放在培养液中，很快就会有不少细胞从胡萝卜块中游离出来。如果将这些细胞放到培养基上，细胞会在试管中繁殖生长，长成一个完整的胡萝卜。这表明构成植物体的每个细胞都具有再度发展成新个体的能力，或许这就是植物长寿的奥秘所在吧。

柳林中百年老树粗壮的树干倒在地面，蜿蜒盘旋。

年轮的秘密

人有年龄，那么树木呢？树有年轮。树在锯倒之后，从树墩上可以看到许多同心轮纹，一般每年形成一轮，故称"年轮"。年轮是怎么形成的？它又是如何把大自然的变化记录在身的呢？

■ 年轮的形成

植物生长由于受到季节的影响而具有周期性的变化。在树木茎干韧皮部的内侧，有一层细胞生长得特别活跃，能形成新的木材和韧皮部组织，这一层称为"形成层"，树干增粗全是它活动的结果。春夏两季，天气温暖，雨水充足，形成层的细胞活动旺盛，细胞分裂较快，向内产生一些腔大壁薄的细胞，输送水分的导管多而纤维细胞较少，这部分木材质地疏松，颜色较浅，称为"早材"或"春材"。夏末至秋季，气温和水分等条件逐渐不适于形成层细胞的活动，所产生的细胞腔小壁厚，导管的数目极少，纤维细胞较多，这部分木材质地致密，颜色也深，称为"晚材"或"秋材"。每年形成的早材和晚材，逐渐过渡成一轮，代表一年所长成的木材。在前一年晚材与第二年早材之间，界限分明，成为年轮线。

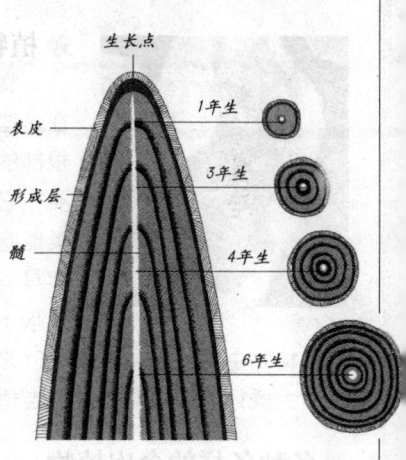

从枝条的上方顺沿下来，切开该枝条的1年生、2年生、3年生等部分，可见每一年增加一个轮。

一般树树干的横切面

树木年代学

19世纪90年代末，美国科学家道格拉斯创立了一个新的科学领域——树木年代学。树木年代学是一门把年轮当做过去气象类型标准的尺度来研究的科学。从树桩、木块及活树上可以看出年轮的宽窄。树木每年的生长在很大程度上取决于土壤的湿度：水分越充分，年轮越宽。通过对同一地区树木年轮的比较，可以分辨出每圈年轮的生长年代。然后，可以划分出每圈年轮所代表的确切日期，如一次森林大火、一次滑坡事件的日期等。

观察年轮

■ 年轮记录自然历史

1899年9月，美国阿拉斯加的冰角地区曾发生过两次大地震。科学家经过对附近树木年轮的分析研究，发现树木在这一年的年轮较宽，说明树木在这一年的生长速度较快。科学家认为，这是由于地震改善了树木的生态环境。他们还发现，由地震造成的树木倾斜、树根网系的分崩瓦解等现象，也都在年轮上有所反映。年轮还可以提供过去年代火山爆发的记录。在树木的生长期，当气温降到冰点以下时，霜冻会给树体造成损害，年轮内就会出现疤痕。这种寒冷气候常常与火山爆发有关。因为火山爆发会把尘埃和其他一些物质喷入大气层，遮住阳光，使地球的温度降低。因此，通过年轮内的疤痕可以判断火山爆发的时间。

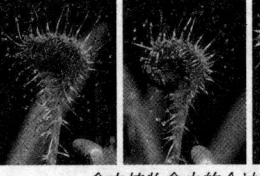

恐怖的食肉植物

食肉植物食虫的全过程

众所周知，自然界中有不少动物是吃肉的。可是，令人难解的是，自然界中还有吃肉的植物，它们能吞食昆虫和一些体积较小的动物。在某些离奇的报道里，甚至出现了食人树一类的可怕植物。为什么食肉植物有如此奇怪的习性？食肉植物有哪些？它们是怎样捕获猎物的？

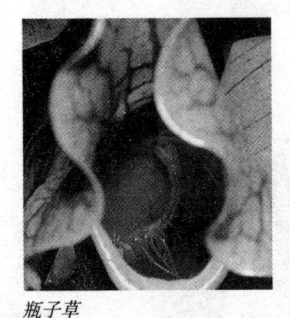

■ 植物食肉的秘密

瓶子草

食肉植物中的大多数成员都生长在经常遭受雨水冲洗的地方。在这些地方的土壤中缺少矿物质，更缺乏氮素养料，因此食肉植物根部的吸收作用不大。为了获得氮素营养和矿物质，满足生存的需要，它们经历了漫长的演化过程，叶子发生了奇特的变化，成为一类能吃动物的植物，直接从动物身上获取营养。常见的食肉植物虽然具有食肉的习性，但大多数对人类来说并没有危险。它们的食物只限于体积微小的昆虫，最大的食物也不过是小青蛙一类的动物。食肉植物主要还是依靠根和叶来吸收养料的，它们捕虫的经历并不多。每个捕虫器官在一生之中大概只能捕虫2～3次。当植物获得足够的养料之后，这些捕虫器官便慢慢凋谢了。

■ 各种各样的食肉植物

捕蝇草

常见的食肉植物有吸血树、狸藻、毛毡苔、猪笼草、捕蝇草等。毛毡苔是一种亚洲、非洲和北美洲常见植物，叶柄细长，叶片近圆形，生满紫红色腺毛，分泌黏液，能捕食小虫。猪笼草叶子的基部呈圆筒状，向上扩展，圆筒横截面积逐渐扩大，形成一个倒锥形，像一个小小的花瓶，"花瓶"的顶端还长有一个瓶盖。"花瓶"中的液体散发出诱人的香味，

猪笼草的剖面图

正是这股香味吸引了蜜蜂。蜜蜂飞到猪笼草边，毫无戒备地降落在囊状叶的边缘，也就是"花瓶"的瓶口。囊状叶的边缘和内部长有锐利的齿，向下斜生。齿的下边附着一层薄蜡。蜜蜂的脚一踏上叶口边缘便向叶内滑去，而倒生的斜刺则阻止它往上挣扎。它只能继续向囊状叶的深处滑下去，直到掉进"瓶"中的液体内。这些液体含有胰酶等酸素，可以分解昆虫体内的蛋白质，形成猪笼草所需要的养料。

[第八章]

Part8

古文明之谜

世界历史源远流长。美索不达米亚的辉煌文明、楔形文字的神话、古巴比伦巍峨的伊什塔尔门、美丽的空中花园、古埃及的巨大金字塔、屹立于尼罗河畔的狮身人面像、神秘难解的象形文字、华丽壮观的印度泰姬陵、奥尔梅克的玄武岩巨石人头像、玛雅令人惊叹的文明、"永恒之城"——罗马、象征吴哥王朝辉煌历史的吴哥城……当这一切被风化为历史的永恒时,那些曾经的辉煌与灿烂也随之遁入浩荡的历史长河之中,留给后人无尽的思考与不懈的探索。

苏美尔文明的奥秘

位于底格里斯河和幼发拉底河之间的两河流域，是世界文明的发源地之一。希腊人称之为"美索不达米亚"，意思是"两河之间的地方"。这一地区诞生了人类历史上最早的文明，其创立者苏美尔人大约在公元前4500年时就在这里定居了。苏美尔文明究竟具有怎样的魅力呢？

■ 最早的城邦

公元前3000年左右，苏美尔城邦出现了。当时，较为著名的城邦有乌尔、乌鲁克、基什、拉格什、乌玛等。这些城邦为了争夺土地、水源和奴隶，经常发生冲突和战争。他们还经常与北面的阿卡德人刀兵相见。苏美尔的每一个城邦都由一群贵族来治理。在战争时期，他们选出一位首领来统治，直到战争结束。由于战争十分频繁，战时首领统治的时间就慢慢变长。最后，这些战时首领就成了国王。他们终生为王，并把权力传给子孙。约在公元前2340年，阿卡德人萨尔贡统一了阿卡德和苏美尔，建立了幅员辽阔的阿卡德王国。这个王国存在了100多年，在公元前23世纪后期灭亡。

神话传说

苏美尔人的神话中提到，神创造了万物和人，可是人由于自作聪明，犯下罪孽。于是，神决定用洪水来惩罚人类。在大洪水中，只有织工塔克图克一个人得以幸存。可后来，塔克图克又因为偷吃禁果而受到神的惩罚：他和他的后代不能获得永生，而且经常会遭到病痛的折磨。这与基督教《圣经·旧约》中的大洪水灾难和亚当、夏娃偷食禁果的故事十分相像。所以人们认为，圣经故事最初的源头很可能就来自苏美尔神话。

苏美尔泥板书上记载有神话传说。

■ 苏美尔人的科学成就

苏美尔人的科学成就主要表现在数学和天文方面。苏美尔人创造了独特的60进位制。我们今天度量时间用的小时、分、秒，以及把圆周分为360度，都是继承了苏美尔人的计算方法。苏美尔人根据月亮的盈亏制订了太阴历。他们把两次新月之间的那段时间作为一个月，一年12个月，共354天，而与地球公转一圈相差的天数，就用置闰的方法弥补。

拉什格国王的塑像

阿卡德国王的青铜塑像

苏美尔人的头盔

苏美尔城邦复原图

楔形文字的奥秘

文字的发明是苏美尔人最伟大的成就之一。约在公元前3500年，苏美尔人开始使用楔形文字。他们所创造的楔形文字，为以后的阿卡德人、巴比伦人、亚述人、波斯人所继承，一直使用了3000多年。那么，后人是如何发现和破译楔形文字的呢？

■ 楔形文字的发现和命名

最早进入美索不达米亚平原的探险者是一位名叫凡勒的意大利人。1616年，凡勒从巴比伦遗址中带回了许多小泥板。在这些泥板上刻有一些奇怪的文字，这是欧洲人从来没有见过的一种新文字。据研究，两河流域的人们用削尖的小木棒或芦苇秆做笔，把文字刻写在半湿的软泥板上，然后把泥板晾干或用火烤干，制成泥板书。刻写时，由于落笔处印痕较宽，提笔处较为细狭，每一笔都像一个小楔子，故称为楔形文字。

泥板上的地图

这是一座苏美尔人的雕像，表现了一个剃光头的男性形象。他身着苏美尔人的典型装束——长羊皮裙。

苏美尔牛头竖琴音箱

尼尼徽出土的12块泥板叙述了苏美尔的乌鲁克城半神半人的国王吉尔伽美什奇妙的经历。

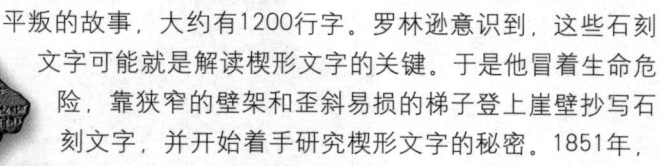

■ 破译楔形文字

破译工作的突破性进展源于在波斯的岩石山峡中所发现的一块石刻。发现者是罗林逊——一位由士兵和运动员转而从事考古的学者。在那里，他发现了一面巨大的悬崖石刻，石刻上刻画了古波斯国王达林斯和一些反叛诸侯的人像。人像四周及下方用三种楔文语言描述了国王平叛的故事，大约有1200行字。罗林逊意识到，这些石刻文字可能就是解读楔形文字的关键。于是他冒着生命危险，靠狭窄的壁架和歪斜易损的梯子登上崖壁抄写石刻文字，并开始着手研究楔形文字的秘密。1851年，罗林逊出版了石刻文中巴比伦文字的部分译文，使美索不达米亚考古学大大地向前推进了一步。

刻有楔形文字的泥板
这块泥板书记载了一名税务官对一艘船上装载的货物的记录。数字是用印在泥板书上的符号表示的——泪珠状的符号表示"十"这个计数单位，而圆形的符号则表示"一"。

巴比伦城的奥秘

巴比伦古城遗址在现在的伊拉克首都巴格达以南约88千米的地方。数千年前，这里诞生了强大的巴比伦王国，带给人类历史空前的辉煌。人们把这个古老的文明称为"巴比伦文明"。这个谜一样的古代名城，一直散发着来自远古文明的神秘魅力。

汉穆拉比的青铜塑像

■ 古巴比伦王国

约公元前1894年，两河流域中部的阿摩利人以幼发拉底河畔的巴比伦城为中心，建立了一个王国，史称"古巴比伦王国"。第六代国王汉穆拉比在位时，国势日益强盛。经过30多年的征战，汉穆拉比基本上统一了两河流域，建立了一个强大的专制集权的奴隶制国家。公元前16世纪初，古巴比伦王国遭外族入侵而灭亡。约公元前626年，迦勒底人建立了一个新王国，定都巴比伦城，史称"新巴比伦王国"。在尼布甲尼撒二世（约前605～前562）统治时期，王国达到鼎盛。尼布甲尼撒二世大兴土木，对巴比伦城进行改建和扩充，将之建成当时世界上最雄伟豪华的城市之一。但在公元前539年，波斯人占领巴比伦城后，这座城市就逐渐衰落了。

刻有《汉穆拉比法典》的典碑

■ 巴比伦城

巴比伦城是当时世界上规模最大的城市之一。幼发拉底河把整个城区分成两个部分，河西为新城，河东为旧城。整个城市被一条长约18千米、高约3米的城墙环绕着，城墙上大约每隔44米就有一个塔楼。整个城墙分为内外两重。伊什塔尔门是巴比伦城的正门，最为著名。在巴比伦神话中，伊什塔尔是掌管战争和胜利的女神，城门由此得名。伊什塔尔门高达12米，在阳光的照耀下光彩夺目。

巴比伦的"空中花园"

被誉为古代世界七大奇迹之一的"空中花园"是巴比伦城最杰出的园林建筑。传说，它是尼布甲尼撒二世为了安慰思念家乡的美丽王妃而修建的。由于整座花园建在一个高高的城楼上，比城墙还高，远远看去就像悬挂在半空中，因此被称为"空中花园"。

长角蛇龙是巴比伦神的象征。

巴比伦城复原图

空中花园

伊什塔尔门

亚述王国的奥秘

1845年，一位名叫莱亚德的英国考古学家按照《圣经·约拿书》中对亚述都城尼尼微城址的描述，在流经摩苏尔的底格里斯河左岸的一个小山岗上发掘出了亚述都城尼尼微的宫殿和部分藏书室。根据藏书室中的泥板书，人们了解到了有关亚述王国的传奇历史。

亚述军队正在攻打一座城邦。

受腓尼基风格影响的亚述象牙雕刻品

提格拉特·帕拉沙尔三世

■ 亚述王国的崛起

亚述人是居住在两河流域北部的一支闪族人。公元前2000年时，他们就建立了自己的国家。但在很长一段时间里，亚述人一直受到苏美尔人、阿卡德人、阿摩利人、赫梯人、喀西特人等异族人的侵犯。后来，他们得到了崛起的机会。他们以铁制武器装备自己，开始了对外扩张。亚述军队凶猛无比，野蛮地屠杀被征服地区的人民，使许多城邦闻风而降。这是一个残暴嗜血的民族，以至于其都城被人们称为血腥的"狮穴"（即"尼尼微"之意）。

■ 强盛与衰落

亚述国王提格拉特·帕拉沙尔三世（前746～前727年）统治时期，对行政、军事和统治政策进行改革，并在世界历史上首创工兵，使亚述王国空前强盛。后经几代国王的武力扩张，王国的领土空前广袤，终于成为两河流域的军事强国。公元前7世纪后期，亚述王国的经济力量被多年的战争消耗殆尽，其军事威力也已成强弩之末。公元前612年，迦勒底人和米底人联合起来攻陷尼尼微，亚述王国土崩瓦解。

亚述文明的浮雕艺术

亚述人在艺术方面以浮雕较为突出。亚述浮雕以宏大的构图和细腻的刻画铭记了国王的伟大功业和历代王国的兴衰荣辱，其中最吸引人的是表现国王猎狮的浮雕。国王的猎狮行动是亚述人最严肃的战斗仪式，在这类浮雕中，雕刻家通过人物和动物身体结构的细微表现，以及对体积感的强调和肌肉的夸张表现，赋予浮雕以遒劲而蕴藉的张力。

人面有翼公牛像

埃及金字塔是如何建造的

在尼罗河河谷与撒哈拉沙漠交接的地方——吉萨，矗立着古埃及的伟大建筑——金字塔，胡夫金字塔是其中最高、最大的一座。它用巨石砌成，石块之间不用任何黏着物，人们甚至很难将一把锋利的刀片插入石块之间的缝隙中。到现在为止，胡夫金字塔已经历了近5000年的风雨。这个奇迹是如何诞生的呢？

黄金胸针

■ 采石与运输

修建胡夫金字塔所需要的500余万吨石头都来自吉萨附近的采石场。由于铜是古埃及人当时所掌握的最硬的金属，因此采石工人使用铜制凿刀作为工具。他们用铜凿刀将巨石凿开小孔，打入木楔，并在上面浇水，木楔浸水膨胀的力量可以将石块胀裂。每块开采下来的石头的重量都超过了1吨，因此运输成了一个大问题。吉萨当地产一种特别的黏土，在黏土铺就的路面上洒水，沉重的石块就可能在上面滑行。在不适宜洒水的地方，工匠们就在路面上铺圆木，让巨石在圆木上滚动前进。

■ 修建金字塔

巨型石块集中到金字塔现场后，就由专门的石匠切削加工。他们仅使用简单的三角板和铅锤，就可以把每块石头打磨得平整光滑，使石块之间衔接紧密。可是，他们又是如何把一块块巨石一直垒到百米以上的高度呢？有人猜测，工匠们先把第一层砌好，然后堆起一个与第一层一样高的土坡。这样，就可以沿着土坡把石块拉上第二层。以此类推，等到塔建成后，再将土坡移走，让金字塔显露出来。在技术非常落后的古代，进行这样巨大的工程是异常艰苦的。

金字塔与星象

从金字塔墓室内的象形文字中，人们了解到古埃及人把金字塔的建筑方位与星象紧紧联系在一起。有些科学家认为，吉萨的三座大金字塔是依照猎户座的三颗星形成的"腰带"形状排列的。三座金字塔排成一线，最小的一颗稍稍偏左。这与猎户座中"腰带"部位三颗星的位置排列一模一样。

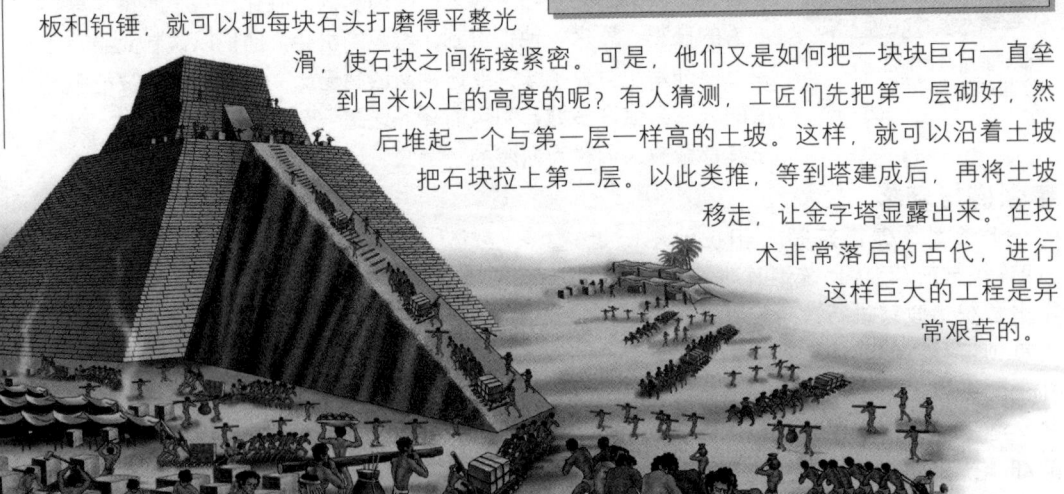

猎户星座

修建金字塔

狮身人面像是谁建造的

在尼罗河畔,除了众所周知的金字塔外,还屹立着一座巨人——狮身人面像。它面朝向东方,神情凝重忧郁,给人以神秘的遐想。几千年过去了,一切都在变化之中,而狮身人面像却一直默默地守护在尼罗河畔。是谁建造了这座神奇的雕像?又为什么要建造它呢?

法老哈夫拉的雕像位于吉萨卡夫拉河谷的神庙中。

法老狩猎图

■ 法老哈夫拉

一种意见认为,狮身人面像在埃及"古王国"时期建成,是由第四王朝的法老哈夫拉下令建成的(其在位时间约为公元前2520~前2491年)。这是传统历史学的观点,它出现在所有埃及学的标准教科书、百科全书、考古杂志和常见的科学文献中。这些文献都表示,狮身人面像的面部是按照哈夫拉本人的模样来雕刻的——也可以说,哈夫拉国王的脸就是狮身人面像的面孔。根据之一就是刻在狮身人面像两个前爪之间的一块花岗岩石碑上的一个音节——khaf。这个音节正是法老哈夫拉的名字,这被认为是哈夫拉建造狮身人面像的证据。

■ 不同的看法

仅仅根据一个音节,我们就能断定哈夫拉建造了狮身人面像吗?1905年,美国学者詹姆斯说:"狮身人面像就是哈夫拉国王塑造的——这完全是没有事实根据的;石碑上根本看不到古埃及碑刻上少不了的椭圆形图案……"什么是椭圆形图案?原来,在整个法老统治的时期,所有碑文上国王的名字总是被包围在一个椭圆形的符号里。开罗博物馆的加斯东也是认同这种观点的学者之一。他说:"狮身人面像石碑上第13行刻着哈夫拉的名字,名字前后与其他字是隔开的……因此我认为,这说明哈夫拉国王可能修复和清理过狮身人面像,这在某种程度上也证明了狮身人面像在哈夫拉生前已被风沙埋没过……"

狮身人面像

鼻子曾被伊斯兰人砍掉,后又被拿破仑远征的士兵当靶子射击,毁坏殆尽。

依照法老的头饰构成。

狮身已风化,表面石灰岩脱落。

埃及象形文字的奥秘

埃及的象形文字最早出现于公元前3000年，一直使用到约公元4世纪，存在了3400多年之久。但在相当长的时间里，这些文字沉寂在历史的长河中无人知晓。当古埃及的辉煌文明吸引了世界各地的目光时，象形文字成了破解古埃及之谜的一把钥匙。这些神秘难测的文字是如何被破译的呢？

■ 商博良的贡献

19世纪，象形文字的破译工作取得了突破性进展，这其中最大的功劳来自于年轻的法国学者弗朗索瓦·商博良。1790年，商博良出生于一个法国书商的家庭。从孩提时代起，他就是一个语言天才。1821年，在对多部古埃及文稿进行狂热的研究后，他更正了其他学者对于罗塞达石碑上帝王名称的翻译。他发现，象形文字虽然符号众多，但出现次序有一定的规律，既不是纯粹的表意文字，也不是纯粹的表音文字，而是表意文字和表音文字的结合体。在这种理论的指导下，他从人名入手进行研究。

古埃及的书记官

商博良的这幅肖像画作于1822年。在这一年里，年仅31岁的商博良对埃及文字的研究有了重大突破。

绘有象形文字和彩色图画的埃及土盘

■ 象形文字的破译

一次，碰到一个不太熟悉的帝王的名字时，商博良先是识别出最后两个符号的发音为"西斯"；再根据以前的研究结果，认定中间的两个字符的发音为"美西"；最前面的符号是一个太阳，在科普特语中，太阳的发音为"拉"。拉·美西·西斯是否就是埃及第十九王朝的法老拉美西斯呢？商博良决定用同样的方法来识别其他的名字。运用类似的方法，他拼出了另一个伟大帝王的名字：吐特摩斯。抓住专有名词这个线索，商博良很快破解了这套古老而神秘的文字系统，成为现代第一位真正的古埃及学家，被誉为"埃及学之父"。"在同一段或同一行文字中，象形文字既有着它图形上的意义，也有着含义和发音方面的意义，我几乎可以按照这些字把它们念出来。"几千年的谜底，终于在商博良这里揭开了。

象形文字与西奈字母

公元前3000年以前，埃及人就已发明了象形文字。对于简单的事物，他用一个相应的图形表示，如表示太阳，就画一个圆圈，中间加上一点。对于复杂的事物或抽象的概念，就用几个图画符号结合成一个复杂的表意符号。大约在中王国时期，埃及出现了类似字母的24个辅音符号，因其在西奈半岛发现，故称"西奈字母"。

用象形文字所写的咒语

印度泰姬陵的奥秘

屹立在印度亚格拉近郊亚穆纳河畔的泰姬陵，华丽壮观，气势磅礴。它是印度莫卧儿帝国的皇帝沙杰汉为他美丽的皇后泰姬所建造的。泰姬陵的构思和布局几乎完美无瑕，它向人们充分地展示了伊斯兰建筑的艺术风格。那么，谁是这一杰作的设计者和建造者呢？

夕阳的余晖流泻在亚穆纳河畔的雄伟建筑上。这座美丽的陵墓体现了印度的精神——抑制与沉思默想。

精美绝伦的雕花镶嵌艺术令人神往。

■ 欧亚文化结合说

这一说法的代表人物是英国旧牛津学派的印度史学家史密斯。他认为，泰姬陵是"欧洲和亚洲天才结合的产物"。意大利人吉埃落米莫·维洛内奥和法国建筑师奥斯汀·德·博尔多等诸多欧洲文艺复兴时代的建筑大师均参加了设计，使这一建筑的艺术风格深受西方影响。但印度伊斯兰史学家莫因·乌德—丁·艾哈迈德驳斥了这种说法。他完全否认这座具有典型的伊斯兰艺术风格的建筑物是出自西欧文艺复兴时代大师们的构思。

■ 主体艺术印度说

已故的印度著名史学家马宗达认为：在探讨这一设计功劳归于谁时，不应忘却印度自身的因素。泰姬陵的平面图和主要特点与苏尔王朝国王舍尔沙的陵墓和莫卧儿王朝国王胡马雍的陵墓，在建筑上有师承关系；就建筑材料——纯白大理石及其上面的宝石镶嵌工艺水平而言，在西印度的拉杰普特艺术中早已存在。由于莫卧儿时代印度对西方已开放，东西方文化交流领域日趋扩大，西方艺术的某些因素可能会对印度建筑风格带来影响，这也是符合历史逻辑的。

举世闻名的印度泰姬陵是一座全部用白色大理石建成的宫殿式陵园。

连带有小柱的栏杆都是精雕细刻的，无一处不体现出其完美无瑕的伊斯兰风格。

美洲印第安人的来源之谜

世界上一切古老民族的早期历史都是一个谜，美洲印第安人也不例外。1492年10月，意大利航海家哥伦布来到美洲，他把这里误认为是印度，称当地的土著居民为"印第安人"，意为"印度的居民"。后来人们才知道这里其实是美洲。现今，人们一致认为印第安人是美洲最古老的居民，可是他们究竟是土生土长起来的，还是从其他地方迁来的呢？

■ 迁徙美洲的居民

由于在美洲各地的考古发掘中，至今仍未发现人类和现代人猿的共同祖先——古猿化石。所以，大部分学者都赞同这种观点：美洲不是人类的发源地，这里的印第安土著是从外地迁移来的。很早以前，美洲大陆上荒无人烟。这里是动物的天堂，猛犸、犀牛、树懒、野鹿、野牛和羊驼等许多动物在丛林和草原上自由自在地繁衍、栖息。在旧石器时代晚期约2.5万～2万年前，美洲大陆上有了第一批人类，他们就是印第安人的祖先。但是，他们是在什么时候，又是从哪里来的呢？

生活在北极区的早期印第安人

生活在丛林地区的早期印第安人

生活在平原地区的早期印第安人

■ 欧洲说与亚洲说

一些学者认为印第安人是从欧洲穿过乌拉尔山，然后由西伯利亚进入美洲的。可是根据考证得知，在旧石器时代晚期，里海曾经发生过大面积的海侵，欧洲和亚洲由此分开，而当时的人类绝不可能有能力越过这一大片水域。有一种较为合理的说法是：古代印第安人是亚洲人的后裔，他们通过亚洲东北端离美洲最近的地方——白令海峡到达美洲。古地质研究表明，约在7万年前，海平面曾大幅度下降，水深较浅的白令海峡因此露出地面，形成陆桥，把亚洲大陆和美洲大陆连接起来。据说陆桥最后存在的时期是距今2.5万～1.5万年前，所以古代印第安人可能就是在这一时期通过陆桥由亚洲进入美洲的。

生活在沙漠地区的早期印第安人

蛇行土墩

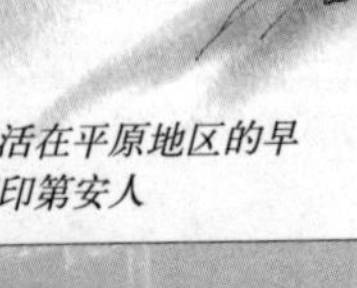

蛇行土墩是2000多年前北美洲阿德纳人的神圣墓地，长达数百米，高出地面1米多。最初，死者的亲属将尸体或骸骨放在用树皮覆盖的浅坑里，然后用土在上面堆起一个小丘。随着时间的推移——通常要经过数代的变迁——越来越多的人埋葬在这里，墓丘的规模越来越大，土墩也越来越长，于是就形成了这样的蛇行土墩。为了纪念死者，亲属们还在墓葬中陪葬许多物品。

蛇行土墩

奥尔梅克文明的奥秘

人们一度认为，玛雅文明是中美洲最古老的文明，但墨西哥各地许多风格各异的石制、陶制、玉制的雕像，使人们隐隐觉得还有一个更古老的文化。考古学家的发现和研究证实了在玛雅文明之前，有一种更为古老的文化曾经长期存在，这就是奥尔梅克文化——玛雅文明之母。

奥尔梅克巨石人头像

■ 玄武岩巨石人头像

美洲虎塑像

奥尔梅克人生活的地区处于墨西哥海湾附近的低湿沼泽地带，水草丰美，湖泊众多。公元前1200年左右，该地区村落密集，人口越来越多，人们过着原始社会的氏族公社生活。文明就在这一时期孕育诞生了。奥尔梅克文化最突出的特征是巨石人头像。这些头像造型独特，构思完善，风格写实，艺术水准很高。更令人惊奇的是：雕像所用的玄武岩石料，全部是从300多千米以外的地方搬运而来的。当时墨西哥地区以及整个美洲都还没有车轮，也没有牛、马、骆驼等畜力运输工具。如果只靠人力，他们是用什么方法把重达数十吨的巨石运进森林里去的呢？这至今仍是一个不解之谜。

奥尔梅克绿石雕男子坐像

■ 奥尔梅克文明

奥尔梅克文明的主体分为三个文化点：圣洛伦佐文化、拉文塔文化和特雷斯·萨波特斯文化。三个文化前后相继：圣洛伦佐文化最早，大约出现于公元前1200～前900年；其次出现的是拉文塔文化，大约在公元前900～前600年；特雷斯·萨波特斯文化出现最晚，约为公元前500～前100年。由这三个文化点组成的奥尔梅克文明，其影响不仅仅局限于墨西哥本地，而且遍及整个中美洲地区。中美洲其后出现的玛雅文明、阿兹特克文明以及其他各种文明都与奥尔梅克文明有很深的渊源，它们在社会生活、建筑艺术等方面都体现出了很强的一致性和历史继承性。所以，奥尔梅克文明享有"中美洲文明之母"的美誉。

奥尔梅克人的祭祀场景

玛雅文明的奥秘

玛雅古城的发现者、英国探险家史蒂芬斯说："每一个终点就是一个起点,当玛雅人神秘消失的时候,这个奇特的文明就注定要在后世人的心中刻下烙印。"玛雅人的科学知识、技术水平、宗教思想、宇宙观、艺术创造等方面,都达到了美洲其他文明难以企及的高度,而且自成体系,完美无缺。

史蒂芬斯

■ 玛雅文明的兴起与发展

公元前2000年前后,玛雅人的祖先先后在玛雅地区的海边、高原谷地和平原低地定居。他们从部落发展到部落联盟,在公元前1000年左右形成一支民族,制定了复杂的社会、政治、经济制度。公元前1000～公元400年期间,玛雅文明开始进入快速发展的历史阶段。其历史发展大致分为三个阶段:前古典期、古典期和后古典期。玛雅地区包括今墨西哥的尤卡坦半岛、今危地马拉大部分地区,今萨尔瓦多和今洪都拉斯西部地区。这一区域总面积达32万平方千米。

玛雅贵族

玛雅前古典期商道的主要干线在太平洋沿岸。长途贸易的兴旺促使玛雅的城市发展起来。图为商人及其保护神。

■ 失落的辉煌文明

玛雅文明诞生在美洲大陆的热带丛林里。在这片不宜耕作的密林中,玛雅人在既没有金属工具,也没有使用畜力运输,而仅仅采用新石器时代的生产工具的情况下,创造出了辉煌灿烂的文明。他们留下的高耸的金字塔神庙、庄严的宫殿和天文观象台,以及雕刻精美、含义深邃的纪念性石碑和建筑装饰雕刻,至今令人慨叹不已。玛雅是一个地区、一支民族和一种文明,是湮没于丛林中的巨大谜语。几乎没有什么渐进的迹象,上百座分布于广阔区域内的玛雅城邦突然崛起,文明在一开始就已经相当成熟。而在此之前,玛雅人还过着巢居渔猎的原始生活。考古学家们称之为"突变",但却无法解释造成其突变的原因。同样难以理解的是,历经千载辉煌之后,这些繁华的都市又不约而同地被抛弃,文明戛然而止。

一位正在发表演说的男子装束显示出他的贵族身份。不知名的玛雅艺术家留下这摄影般写真传神的作品。

印加帝国统治的奥秘

印加帝国曾是美洲印第安人所建立最强大的国家之一。16世纪中叶，它曾拥有200万平方千米的领土，疆域内生活着1500万人。但印加帝国并不是一个统一的整体，而是一个复杂的混合体，由几十个不同的政治集团、种族，甚至是操不同方言的部族所组成。印加国王如何有效地实现自己的统治呢？

■ "地球震撼者"

13世纪时，印加族在安第斯山脉地区崛起。15世纪时，一位名叫尤潘琪的印加国王向外扩张，建立起庞大的帝国。尤潘琪国王宣称自己是太阳神的后裔，自命为佩查叩提，意思是"地球震撼者"。佩查叩提建立了一个严密的政府体制，把纷杂散居的印加人团结在一起，形成一个统一的帝国。为了使国民动乱的发生减少到最低程度，帝国的统治者容许被征服地区的人民保留他们的统治者和神，但同时也要求各地国民必须将对太阳神的信仰增添到他们本地的宗教活动中去。另一个统一的要素就是语言。印加帝国强调每一个印加人都必须学会奎琪阿语（即印加语）。时至今日，在秘鲁高地、玻利维亚和厄瓜多尔等地仍有1000万人讲奎琪阿语。

印加贵族的羽毛头饰和外衣

■ 高度组织化的管理

为了维护统治，印加国王建立了以中央集权为中心的政治制度，帝国的所有民众都被划分为一个个单位，最小的单位仅10户人，而最大的单位有1万户人，每一个单位都有一个管理者对上一级长官负责。此外，印加帝国建立了四通八达的交通网络，并设置了传递消息的"飞脚制度"。两条主干道自北向南纵贯帝国疆域：一条沿安第斯山脉而行，从哥伦比亚南部起穿越厄瓜多尔和秘鲁，进入玻利维亚后通向阿根廷，全长达3200千米；另一条沿太平洋海岸而行，直至秘鲁西北的通贝斯，全长达2300千米。沿着道路每隔25千米建立一个"坦伯"（驿站），又从全国各地选出跑得最快的人充当"查斯基"（信使）长驻驿站，传递消息。这样，一个消息在一天之内可以传达250千米远。

印加国王出巡的场景

印加人的农业生产

印加人在干旱缺水的山区修建水渠和梯田，使粮食生产得到稳定发展，保证了非农业人口的粮食需求。印加人的水渠和梯田修筑得非常坚固，有些水渠至今还在使用。印加人培育了大约40多种作物。他们还饲养骆马和羊驼，是美洲印第安人中唯一饲养大型牲畜的民族，这些动物的饲养不仅为居民提供了肉食和毛皮，而且还为农业生产提供了优质肥料，这反过来又促进了粮食产量的提高。

青铜玉米

米诺斯宫殿的奥秘

4000年前，地中海的克里特岛上居住着从事航海贸易的米诺斯人。数千年来，世人对米诺斯文明的了解，除了那个半人半牛、藏身黑暗地下迷宫的贪婪怪物米诺陶的神话以外，几乎是一无所知了。20世纪初叶，米诺斯宫殿的遗址被发掘了出来，但人们并不能确定这座宫殿式的建筑到底是王宫还是陵墓。

这只用黑皂石、贝壳和水晶制成的酒具呈牛头形。公牛在米诺斯文化中是力量和丰产的象征。

■ 王宫说

大多数考古学家认为这座建筑物是王宫。它属于多层建筑结构，其中有好几层筑在地下。其建造之奇、藏品之丰，为世人所惊叹。王宫中有以海洋生物、雄壮公牛、舞蹈女郎和杂技演员为题材的色彩鲜明的壁画。另外，在地下建筑中还有许多青铜器的残片、铜制乐器和一个精致的棋盘。这个棋盘近1米见方，以小片釉陶和象牙包金，上面还镶嵌着水晶。细加琢磨的雪花石在国王的宝座上、在接待室的铺路石板上、在那些显示着典型米诺斯建筑风格的上粗下细的柱子上、在门道附近闪闪发光。

米诺斯宫殿式建筑的遗址

公元400年的马赛克镶嵌画描述了在令人炫目的迷宫中央，猎手准备给怪物米诺陶以致命的一击。

■ 王陵说

这座富丽堂皇、结构复杂的巨大建筑真的是一座王宫吗？虽然历史学家和考古学家大多同意这种说法，但德国学者沃德利克却认为："这座宏伟的建筑绝对不是国王生时的居所，而是贵族的坟墓或王陵。"为了支持自己的说法，他提出了几项很有意思的事实，比如说这座建筑物的位置不是建筑王宫的绝佳位置。因为它所处的地方过于开阔，如果有人从陆上进攻，则无从防卫。同时，当地没有泉水，必须用水管引水，水量很难充足供应居住在王宫里的那么多人。王宫及附近地区也无一望即知是马厩和厨房之类的房屋，这里的居民难道不需要交通工具和食物？至于那些被认为是御用寝室的房间，都是些无窗、潮湿的地下房舍，在气候温暖的地中海地区，人们绝不可能选择这样的地方来居住。

克里特岛上米诺斯人的生活

迈锡尼文明的奥秘

公元前8世纪，古希腊吟游盲诗人荷马讲述了希腊早期历史上的迈锡尼人与小亚细亚的特洛伊人之间的一场血腥之战。荷马史诗的广泛流传，让许多人梦想找到那个征伐特洛伊的希腊联军统帅阿伽门农的故乡——迈锡尼。荷马史诗是否真实？迈锡尼文明的实际情况是怎样的呢？

这只黄金打造的狮头状水杯在将近3600年后的今天依然光灿如新。它出土于迈锡尼遗址的一座坟墓中。

■ 证实荷马史诗

迈锡尼文明是希腊本土所孕育的第一支较为发达的文明，在公元前17世纪中期至公元前12世纪盛极一时。从遗留下来的坚固城堡和丰富的金银宝藏中，人们可以窥见其强盛和富裕。他们曾向外扩张，侵入小亚细亚西南沿海一带，特洛伊战争正是迈锡尼人与特洛伊人争夺海上霸权的一场交锋。19世纪，英国考古学家在迈锡尼遗址地区发掘了9座史前公墓，这些圆顶墓（因形似蜂房，又称蜂房墓）约属于青铜时代中期，大约相当于公元前1500～前1300年。人们在墓中发现了荷马史诗中描述的建筑物、武器，以及许多黄金饰品和器物，从而证实了荷马史诗的真实性。

这尊近乎真人大小的石膏头像是在迈锡尼一座房屋的废墟中发现的。

特洛伊之战

据《荷马史诗》记载，希腊第一美女海伦被特洛伊的王子帕里斯诱拐后，海伦的丈夫斯巴达国王决心复仇，遂向其兄迈锡尼国王阿伽门农求助。阿伽门农组织了拥有1000艘战舰、10万人的希腊联军远征特洛伊。希腊联军与特洛伊的战争旷日持久，互有胜负。最后，阿伽门农采用奥德修斯提出的"木马计"攻陷了特洛伊。

特洛伊木马的复制品

■ 揭开尘封的历史

当时的迈锡尼人普遍使用一种被称为线形文字乙种的文字系统，它属于希腊语，由克里特岛的线形文字甲种发展而来。这种文字在1952年被解读成功，人们得以进一步了解迈锡尼的兴衰历史。大约在公元前12世纪，迈锡尼人倾国出兵，远征小亚细亚的富裕城市特洛伊，长达十年。这场旷日持久的战争消耗了迈锡尼大量的人力、物力和财力。不久，它就被南下的强悍民族多利亚人所征服，文明急剧衰亡，希腊倒退到没有文字记载的"黑暗时代"。

迈锡尼人出征特洛伊。

罗马城起源的奥秘

母狼与孪生子像

意大利人骄傲地称他们的首都罗马为"永恒之城",因为据说罗马已经在台伯河畔巍然耸立了2700多年。由于有关罗马城的起源至今都没有可靠的信史,人们不禁产生了疑惑:"永恒之城"到底是怎么来的呢?

■ 母狼传说

走进今天的罗马博物馆,人们可以看见一座奇特的青铜塑像:一只母狼侧着脑袋,竖起耳朵,龇牙咧嘴,警惕的眼睛注视着前方;母狼腹下有两个男婴,他们正贪婪地吮吸着母狼的乳汁。这座青铜塑像不但是上乘的艺术佳品,而且讲述着一个关于罗马城起源的传说。相传小亚细亚的特洛伊城被希腊人攻陷后,该城的英雄伊尼亚来到意大利海岸一个叫拉丁的地方建立城市,世代为王。当国王努米多尔在位时,他的弟弟阿穆留斯篡夺了王位。不久,努米多尔的女儿与战神马尔斯生了一对孪生子。阿穆留斯下令把孪生子投入台伯河,谁知孩子们被水冲到了河滩上。饥饿的婴儿号啕大哭,引来了一只母狼。但母狼不仅没有吃掉孩子,反而用乳汁喂养他们。后来,一位牧人将他们抱回家抚养。兄弟俩长大后,杀死阿穆留斯,夺回了王位。公元前753年,兄弟俩在台伯河畔建起了一座城市。哥哥罗慕洛斯以自己的名字将新城命名为"罗马"。

古罗马的青铜塑像

■ 七丘之城

母狼哺婴毕竟只是一个传说。这个传说是如何形成的?它有多少历史真实性?罗马城建立的真实情况到底怎样呢?考古学家们认为,罗马建城的年代要比传说中晚得多。它是由拉丁人在台伯河南岸的7座小山丘上建立的,所以又被称为"七丘之城"。到公元前6世纪末时,先后有7个王统治了罗马城,称为王政时代,这正是罗马从原始社会向奴隶社会过渡的时期。这一时期,罗马城设有由所有氏族长组成的元老院和由全体男性公民组成的公民大会,由公民大会选举产生王。公元前509年,罗马人推翻第7个王的残暴统治,进入了共和时期。从此,罗马文明开始一步步走向成熟与辉煌。

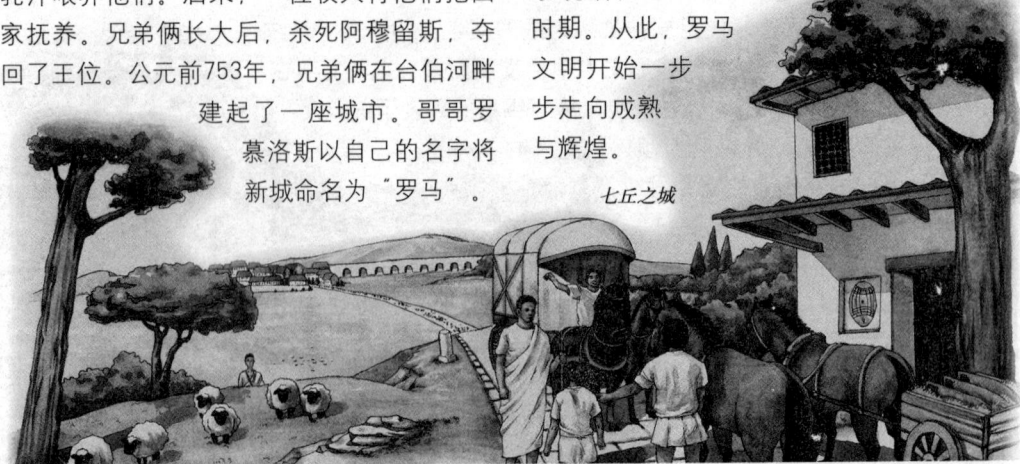

七丘之城

印尼婆罗浮屠佛塔的奥秘

佛教在印度产生,由释迦牟尼创立。然而,世界上最大的佛塔却不在印度,而是在印度尼西亚。它就是婆罗浮屠佛塔,位于距中爪哇首府日惹市西北39千米处的克杜峡谷,是公元8~9世纪的萨兰德拉王朝留下的历史遗迹。佛塔工程之浩大,建筑之壮观,被世人誉为古代东方的四大奇迹之一。

庄严精美的建筑群

每一个钟形小塔内都有一尊真人大小的佛像。

婆罗浮屠(局部)

■ 婆罗浮屠

婆罗浮屠是世界石刻艺术宝库之一。佛塔基座上刻有160块浮雕,这些浮雕的内容全部取自佛经故事。佛塔中部的五层塔身和围墙上也有1300块精美浮雕,描绘了佛祖解脱之前的生活场景,还有一些表现的是民间传说故事。这些浮雕所刻画的人物栩栩如生,形象逼真。这座佛塔的名字融合了印尼文化,并不是印度佛教文化简单的移植。"婆罗"一词来自梵文,是"庙宇"的意思;"浮屠"是古爪哇文,意为"山丘";"婆罗浮屠"即"山丘之庙"。佛塔上有佛像1000多尊,大型浮雕1400余幅,所以这座佛塔又被人们称为"千佛塔"。

■ 佛塔的构造

这座佛塔的建筑风格独具特色。自下而上的十层可分为塔底、塔身和顶部三大部分。塔底呈方形,周长达120米,塔墙高4米,下面的基石亦高达1.5米,宽3米。塔身共五层平台,越往上越小。第一层平台离地面约7米,形成环绕在佛塔四周的宽平台。其余每层平台依次收缩2米,四周装栏杆以变平台为走廊。顶部由三层圆台组成,每个圆台都由一圈钟形舍利塔环绕,共计72座舍利塔。在这些同一圆心的舍利塔中央,是佛塔本身的半球形圆顶,离地面35米。这种宗教象征性建筑融合概括了佛教的大乘佛理。渐次升高的十层,象征菩萨成佛前的十地。塔底代表欲界,此界中人们摆脱不了各种欲望;五层方台代表色界,此界中人们已摒弃各种欲望,但仍有名有形;三个圆台和大圆顶代表无色界,此时人们不再有名有形,永远摆脱了世间的一切桎梏。

千佛塔胜景

吴哥古城的奥秘

吴哥古城是柬埔寨的象征，是人类文化宝库中的明珠，与埃及金字塔、中国的长城、印度尼西亚的婆罗浮屠并称为"东方四大奇观"。重现于世的吴哥古迹，具有独特和永久的魅力，这使世人为之倾倒、赞服，同时又使人们产生了无穷的遐想和无数疑惑。

著名的"吴哥微笑"

■ 大小吴哥的建造

12世纪前半叶是吴哥王朝的全盛时期。信奉婆罗门教的高棉国王苏利耶跋摩二世，为了祭祀"保护之神"毗湿奴，同时炫耀自己的功绩，建造了著名的吴哥城（小吴哥）。大吴哥位于吴哥城的北部，是跋摩七世统治时期建造的新都。吴哥城宏伟壮观，城

精美的古城建筑　　吴哥遗址　　吴哥王朝的一位国王

外有护城河环绕，城内有各式各样非常精美的宝塔寺院和庙宇。吴哥城的中心建筑是巴扬庙，它和周围象征当时16个省的16座中塔和几十座小塔，一起构成一组完美整齐的阶梯式塔形建筑群。考古学家们估计，在这座古城最繁荣的时候，至少近百万居民生活在这儿。它的每一块石头都精雕细琢，遍布浮雕壁画。其技巧之娴熟、精湛，想象力之丰富，令人难以置信。时至今日，吴哥古城的大部分建筑虽历经沧桑，仍岿然不动。

举世闻名的吴哥古城

■ 吴哥王朝的瓦解

在柬埔寨历史上，放弃吴哥是一个具有转折意义的事件，它标志着一度强大的吴哥王朝的瓦解。那么，吴哥古城为什么会被遗弃呢？中国一些学者认为，这种结局与暹罗人的不断入侵有关，外敌的侵犯促使高棉人作出了撤离吴哥的最终决定。暹罗人的不断强大使高棉人蒙受了深重的灾难和巨大的损失，日益衰竭的国力使高棉人无法应付暹罗人的挑战，只好采取回避的方法。另外，高棉王族之间的内部矛盾斗争也是其衰亡的原因之一。15世纪上半叶，吴哥王朝被迫迁都金边。曾经繁华昌盛的吴哥城，杂草灌木丛生，逐渐被茂密的热带雨林所湮没。从此，它留下了一系列的奇谜和悬案，有待后人去探索研究。

Part 9 第九章

未解悬疑

虽然人类文明已高度发达，科学技术正在迅猛发展，但人类背后的漫漫历史，眼前的茫茫宇宙，四周的大千世界，仍给我们留下千奇百怪的未解之谜。失踪的亚特兰蒂斯成了海底城市吗？精确无比的古代地图出自何人手笔？巨石阵的作用到底是什么？纳斯卡荒原上的巨画是外星人所为吗？复活节岛的石像从哪里来？秦始皇陵是否被盗掘或破坏？神秘女尸为何能千年不腐？生命的禁区——死亡谷在哪里？真的有外星人和UFO吗？……这一切，既富有趣味性，更具神秘感与挑战意味！

大西洲失踪之谜

近两千年来，大西洲（或译亚特兰蒂斯）之谜同许多疑谜悬案一样，一直困扰着人类。究竟存不存在大西洲文明？如果存在，它为什么又神秘消失了？诸如此类的问题，千百年来人们一直无法回答。

繁荣的大西洲被一场突如其来的洪水和地震吞没了。

传说，亚特兰蒂斯古国在一次强烈地震中突然沉没于深深的海底。

潜水员找到的这些古代遗迹真的是亚特兰蒂斯的古老文明吗？

据传说，在大西洲沉入海底后，亚特兰蒂斯的人们从此就在海底生存。

■ 大西洲究竟在哪里？

神秘的大西洲文明引起了人们探索和寻觅的兴趣。早在1909年就有人提出，柏拉图描述过的亚特兰蒂斯可能是克里特岛上延续至公元前1400年左右的米诺斯文明。可是，米诺斯文明虽然与亚特兰蒂斯文明有许多相似之处，但克里特岛却并没有因为一场浩劫而陆沉。1967年的一天，美国一飞行员在大西洋巴哈马群岛低空飞行时，突然发现在水下几米深处有一座古代寺庙遗址。有些科学家还在大西洋底的好几个地方发现了岩石建筑物。这些海底建筑物的规模和形状与传说中的亚特兰蒂斯非常一致。科学家根据种种发现加以推测，已经消失了的亚特兰蒂斯可能就沉没在波涛滚滚的大西洋底。但这毕竟是推测，人们对于大西洲的探索必将继续下去。

■ 柏拉图"神话"

公元前380年，古希腊哲学家柏拉图所著的两篇文章是关于大西洲的最早文字记述。据柏拉图的记述，大约12000多年前，在今天直布罗陀海峡以西的大西洋海域中，曾经有一个高度先进的古代文明存在。柏拉图说它"面积比利比亚和亚洲的总和还要大"。柏拉图讲到，亚特兰蒂斯有绵延的崇山峻岭和草木茂盛的平原，矿产资源十分丰富。但是，好景不长，岛上的居民由于生活的富足，日益变得骄傲、腐化和堕落，他们竟然抛弃自己的保护神而崇拜起各种神灵，从而引致人神共愤。于是，根据柏拉图的说法，海啸和大地震相继发生，短短一日一夜的时间里，整个亚特兰蒂斯沉入汪洋大海，无影无踪了。

柏拉图的理想国

古希腊哲学家柏拉图认为一个国家应有三等人：一是有智慧之德的统治者；二是有勇敢之德的卫božhie；三是有节制之德的供养者。这三个等级就如同人体中的上、中、下三个部分。如果在上者治国有方，在下者不犯上作乱，就能达到"理想国"的境界。理想国寄予了柏拉图对乌托邦社会的美好想象。人们据此推测大西洲文明也很可能是柏拉图根据传说虚构出来的。

柏拉图

惊人的古代地图

18世纪初，人们在君士坦丁堡的托普卡比宫发现了几张古地图，这些地图并非原版，而是根据更古老的版本抄制出来的。据考证，这些地图在公元前200年左右便已存在。它们不但准确无比，而且还包括了直到18世纪初为止很少考察和根本未被发现的地方，就连因地球是球体所造成的视距差都表现了出来。

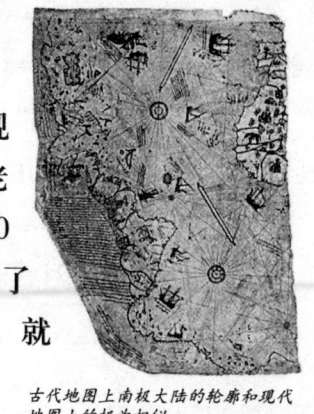

古代地图上南极大陆的轮廓和现代地图上的极为相似。

■ 超时代的技术

其中有一张地图上准确地画着大西洋西岸的轮廓，北美洲和南美洲的地理位置也准确无误，尤其是亚马孙河流域、委内瑞拉湾和合恩角等地都标画得十分准确。当科学家们进一步深入研究时，惊讶地发现，这张古地图其实是一张空中鸟瞰图。同"阿波罗8号"宇宙飞船所拍摄的地球照片相比，这张古地图就像是它的翻版一样。地图上美洲、非洲的变形轮廓线，同阿波罗飞船拍摄的照片完全重合。尤其令人惊讶的是，古地图上还绘出了南极洲冰层覆盖下的复杂地貌，同南极探险队在1952年用回声探测仪所得的南极冰下地形的探测图毫无二致。是什么人在远古时代就已掌握了太空航摄的高超技术呢？

用于测定方向的古老罗盘

■ 古地图出自何人手笔

这些古代地图标画的陆地是几千年前的大地图形，要绘制出这样的地图，就必须对地球的形状、大地的构造、球体三角学等方面的科学知识有相当的了解，另外，还必须使用先进的交通工具和制图手段。而对于几千年前的人们来说，他们所掌握的地球知识极少，也没有先进的交通工具和空中拍摄等制图手段，因此根本无法绘制这些地图。那么，究竟是谁绘制了这些奇特的地图呢？作者用什么方法测到南极大陆冰层下的地形？18世纪，人类还没有类似回声探测仪那样的先进仪器，这是不是天外来客留下的又一奇迹呢？对于这些问题，人们尚未获得满意的答案，古地图至今仍是一个谜。

在土耳其的古老王宫里，人们发现了惊人的古代地图。

地球仪

古代巨石阵之谜

在英国古老而广漠的平原上，矗立着许多奇特的巨石建筑，它们默默地在风雨中度过了几千年，注视着人间的沧桑。这就是令人百思不解的古代巨石阵遗址。这些雄伟壮丽的神秘巨石阵吸引了来自世界各地的旅游观光者和众多为之困惑的考古学家、历史学家、建筑学家和天文学家。

英国平原上的古老石阵

■ 奥布里坑群

著名的巨石阵遗址位于英格兰南部沙利斯伯里。石阵的主体是由一根根巨大的石柱排列成的几个完整的同心圆。石阵的外围是直径约90米的环形土岗和沟。沟是在天然的石灰土壤里挖出来的，挖出的土方正好作为土岗的材料。紧靠土岗的内侧由56个等距离的坑又构成一个圆，坑用灰土填满，里面还夹杂着人类的骨灰。这些坑是由17世纪巨石阵的考察者约翰·奥布里发现的，因此现在通常称

古代巨石阵吊然单立于碧草如茵的平原上，灰白色的砂岩相当醒目。

之为"奥布里坑群"。巨石圈的东北侧有一条通道，在通道的中轴线上竖立着一块完整的砂岩巨石，高4.9米，重约35吨，被称为踵石。每年冬至和夏至从巨石阵的中心远望踵石，日出隐没在踵石的背后，增添了巨石阵的神秘色彩。

■ 巨石阵的用途

学者们除了苦恼于无法断定巨石阵的承建者是谁外，对巨石阵的用途也各说不一。有学者认为巨石阵是远古时代的天文观测仪器。早在200年前，就有人注意到巨石阵的主轴线指向夏至时日出的方位，而冬至的落日又在东西拱门的连线上。1965年，波士顿大学的天文学家霍金斯通过计算机测定，巨石阵的排列可能与太阳和月亮在天空运动的位置有关，而56个奥布里坑则能准确地预报日食、月食。众说纷纭，无法有一权威的推断。几百年来，人们陷入了对巨石阵不断探索的苦苦追求之中。

在夏至日，人们来到巨石阵朝圣。

巨石阵局部

秘鲁纳斯卡地画之谜

你知道世界上面积最大的画在哪里吗？它就在秘鲁的纳斯卡高原上。如果你从千米高空的飞机上俯瞰纳斯卡大地，就会惊奇地发现，在这片荒凉、贫瘠的土地上，竟然有许多幅巨大的动物图案和几何图案。这是人类的杰作，还是"上帝的指纹"？这些巨画又有什么含义呢？

■ "上帝的指纹"

人们发现，在这片绵延46千米的土地上，除了近百幅几何图形外，还散布着一些形状奇特的动物图案，其中仅鸟类图案就有18种。不过，在这些动物图案中，只有兀鹰这一种动物是当地的土产，其他动物如亚马孙河蜘蛛、猴子、鲸鱼等，显然与这里荒凉干燥、寸草不生的荒原环境格格不入。尤其是亚马孙河蜘蛛，它只生活在亚马孙雨林中，而生活在3000年前的印第安人是如何越过巍峨险峻的安第斯山脉，来到亚马孙雨林的？当时又没有显微镜，他们怎么能够精确地描绘出蜘蛛的身体结构，特别是位于右脚末端的生殖器官的呢？这难道真的是"上帝的指纹"，或者是外星智慧生命的作品？

巨画的发现

据说，这些巨画是一位爱好探险的富翁在飞越纳斯卡上空时偶尔发现的。当他在飞机上俯视整个纳斯卡高原时，忽然看到一望无垠的土地上隐隐出现了一些奇怪的图案。为了看个清楚，他让飞机在荒原上空不断盘旋，终于发现在这片荒无人烟的土地上不知被谁画上了一幅幅几何图形和动物的图案。从此纳斯卡荒原像一块具有魔力的磁石，吸引着无数的历史学家和科学家来到这里，从空中和地面对这些巨画进行研究。

长爪狗图案

蜘蛛图案

蜂鸟图案　纳斯卡地画的分布图　卷尾猴图案

■ 谁是巨画绘制者

当时的人们为什么要"绘制"这些巨画？他们又是怎样"绘画"的呢？要知道，我们只有身处上千米的高空中，才可能看清这些巨画的真正面目。在地面上，我们看到的只不过是一条条刻在沙土上的杂乱无章的线条，就像有人刮去了覆盖在纳斯卡高原沙土上的成千上万吨黑色火山灰，而露出了大地原来的颜色——淡黄色。难道当时的古印第安人已经拥有了飞行器吗？有一些人把印第安人传说中的"维拉科查人"当做纳斯卡巨画的作者。可是，这些传说中的人又来自何方，他们会不会像有些人所说的，是外星人的后代？看来，巨画之谜一时难以揭开。

复活节岛石像之谜

巨石像

智利的复活节岛位于南太平洋水域。岛上只有1800名居民，他们是处于原始生产和生活水平的波利尼亚人。在岛屿周边的沿海地方，矗立着600多尊巨型雕像。当专家问岛上的居民关于这些石像的由来，发觉他们并不知道石像的来历，他们和他们的祖先也没有参加过石像的雕刻。究竟是谁制造了石像？他们又为何要雕刻这些石像呢？

■ 令人费解的石像

复活节岛上的巨型石像被当地人称为"毛阿伊"，它的特征是长脸，略微向上翘起的鼻子，向前突出的嘴唇，略带后倾的宽额，垂落腮部的大耳朵。有的头上戴着红色帽子，当地人称"普卡奥"。这些石像小的重2.5吨，大的重50吨，有的石像还戴着沉重的石帽。一顶石帽约重2吨，如果把石帽戴到巨石像头上，起码都需要起重设备。它们是如何被制作者从采石场凿取出来，又用什么方法搬运到远处安放，使它们牢牢地耸立起来的？要知道，几个世纪以前，岛上的居民还未掌握铁器的应用，这一切多么不可思议。

建造和运输巨石像的猜想过程

在采石场将石料刻成毛阿伊。

挖一个坑将毛阿伊立起来。

在采石场里立起毛阿伊。

将毛阿伊放在木橇上，用长绳牵拉，运到海边的村子里。

毛阿伊被运到海边平台上时被带上帽子。人们将圆木插入石像下面，运用杠杆原理让石像一点点立起来。

在立石像的过程中，需要不断地往空隙里填石头。经过反复多次填石，毛阿伊就慢慢立起来了。

■ 未完工的采石场

人们在岛上还发现了几处采石场。采石场上坚硬的岩石像切蛋糕似的被人随意切割，有几十万立方米的岩石被采凿出来，到处是乱石碎砾。这里躺着数以百计未被加工的石料，以及加工了一半的石像。有一尊石像最奇妙，它的脸部已雕琢完毕，但后脑部还和山体相连。其实再需几刀，这件成品就可与山体分离。工地上进度不一的件件作品像凝固了的时针，指在突然同时停工的时间上。为什么雕刻这些巨石人像，这已经是个谜了，而采石场为什么突然停工，更是谜中之谜。

复活节岛巨石像

史前岩画中的特殊图案

在许多史前岩画中，有一些身着类似宇航服的人物形象和近似于现代飞行器的探空设备等图案。人们百思不得其解的是，处在萌芽阶段的人类文明，生产力落后，技术手段低下，怎么可能造出超越时代的太空设备呢？它们所表达出来的真正含义到底是什么？是什么人所为？又出现在什么时代？这些令人难以置信的岩画，成了人类文明史上的一个不能破解的谜团。

岩画右边显然是一个外星人形象，左边酷似一个身穿宇航服的外星人。

■ 神秘的人像

1956年，一支法国探险队在撒哈拉沙漠中发现了一万多幅壁画。经研究发现，在这些公元前5000多年前的岩石壁画中的人物形象中，夹杂着一些非常现代的神秘人像。他们有的身穿精致的短上衣，有的"戴着太空盔，头盔上还有两个可供观察的小孔，头盔用一种按钮与躯干部服装连接。"有人据此认为这是一件宇航服。在撒哈拉的塔希里山脉，有一些被称为"伟大玛斯神"的岩画，画中的人像戴着圆形的密封头盔，穿着连体的紧身衣，很像现代宇航员的样子。这些"带着太空盔、身穿宇航服"的岩画人物到底是史前人类想像之中的虚构之作，还是有某种生活原型为依据的呢？

怪异的史前岩画

岩画上的图案是否跟太空人或飞行器有关，还有待于进一步证实。

岩画上圆盘似的东西，可能是太空探测器。上面还有两个穿着笨重宇航服的宇航员，他们头上都插有天线。

■ "宇航员"的盘子

后来，人们又在中国新疆与乌兹别克斯坦共和国的菲尔嘎地区交界处的一个岩洞中，发现了一幅奇特的壁画。据分析，这幅画制作的年代非常久远。在这幅画工精巧的壁画上描绘了一种智慧生物似乎穿着一种宇航员的制服。最为令人惊奇的是，这个"宇航员"手中有一只盘子，它和此前在附近山洞里出土的盘子一模一样，并且已确知那些盘子的制成年代起码在100万年以前。这幅画究竟是什么人留下的？画中所表现的真的是一个宇航员吗？这些盘子到底有什么用处？人们是否就有理由认为，是外星人访问了菲尔嘎地区之后，出于某种需要而制作了这些盘子，并遗留在山洞之中？

图坦卡蒙猝死之谜

在埃及开罗的尼罗河西岸有一座"帝王谷"。为何被称为"帝王谷"呢?原来,古埃及的法老死后全部都"隐身"于此。在"帝王谷"内有一座被人们遗忘的陵墓,连考古学家以及那些盗墓贼都没注意到,这就是3000多年前古埃及第十八王朝的法老图坦卡蒙的陵墓。

上埃及的兀鹰神　下埃及的眼镜蛇神
带有条纹的尼米斯头巾
法老的假胡须

图坦卡蒙的黄金面具

■ 发现图坦卡蒙

图坦卡蒙是著名的阿蒙普特四世(即埃赫那吞)的继承者。他9岁登基,执政期为公元前1336年~前1327年。在19岁那年,他不幸夭折了。图坦卡蒙的陵墓是迄今为止所发现的最完整、最有价值的古代埃及法老的陵墓。在8年的挖掘过程中,人们在墓中发现了2000多件珍贵文物。1968年,当英国考古学家哈里森使用X光射线对图坦卡蒙的木乃伊真身进行扫描时,发现死者的头骨底部有一处反常的密度集中区域,这是大脑隔膜下部出血所造成的,而出血的原因则可能是由于脑后部遭重击所致。这暗示着图坦卡蒙很可能是被人谋杀的!凶手是谁?这成了一个难解的谜。

■ 死亡之因

人们根据一些文史资料的记载和出土文物,大体可知:因为图坦卡蒙登基时年纪尚小,由宰相艾和其他重臣掌握大权。他在19岁时猝然死去后,他的年轻皇后请求赫梯王派一王子与她完婚。可是赫梯王子在前往埃及的途中被人杀害了。接下来,宰相艾继承了王位。可是,我们根据这些零散资料与传说也无法揭开图坦卡蒙猝死之谜。谜底在哪里?也许仍埋在地里,我们希望能有更多的考古资料出土,以此揭开谜底。但也许很难找到事情的真相,这就将给人们留下永远的悬念。

法老的诅咒

1923年,一位参与挖掘图坦卡蒙陵墓的人——卡纳封勋爵死了。他死后,新闻界马上编造出了"法老的诅咒"的故事。故事说,进入陵墓的每个人都会被诅咒而死。但实际上,卡纳封勋爵在剃胡须时被一只蚊子叮了。由于这只蚊子带有病毒,勋爵受到感染后死去了。

图坦卡蒙的木制模型像

图坦卡蒙的葬礼

埃及艳后死亡之谜

克里奥帕特拉七世是古代埃及最著名的女王，曾被列为"影响世界历史的第一个女人"。她曾运用自己的强大武器——美貌和才智拯救了自己的国家和王位，并一度阻止罗马帝国在地中海东南岸的征服行动。她为人所津津乐道的原因除了富有传奇色彩的一生之外，还有至今令人不解的死亡之谜。

女王的珍宝首饰

埃及女王

■ 艳后生平

公元前48年，在宫廷争斗中失败的克里奥帕特拉七世被其弟从亚历山大城驱逐出去。她在叙利亚和埃及边界一带招兵买马，打算重返埃及从弟弟手中夺取王位。此时，适逢罗马国家元首恺撒追击庞培来到埃及，他便以其特殊身份，调停埃及王位之争。克里奥帕特拉七世用美人计使恺撒拜倒在了自己的脚下。在恺撒的帮助下，她顺利地夺取王位，当上了埃及女王。天有不测风云，公元前44年3月15日，恺撒遇刺身亡，克里奥帕特拉七世失去了庇护自己的强者。后来，她被恺撒的侄子屋大维活捉，当她得知自己将被作为战利品带往罗马游街示众的消息后，便写好了遗书。沐浴后，她用了一顿丰富的晚餐。接着，她走进自己的卧室，平静地躺在一张金床上，但从此没有再醒过来。

克里奥帕特拉七世与恺撒初次见面。

■ 女王之死

埃及女王究竟是用何种方法自杀的呢？大多数人认为，女王提前安排侍女将一只藏有毒蛇的盛满无花果的篮子带进宫中，再让小毒蛇咬伤自己的手臂，因中毒昏迷而死亡。也有人说女王早就在花瓶里喂养了毒蛇，然后用一枚金簪在蛇的身体上乱刺，引它发狂并咬伤了她。有一种不同的观点认为，女王是用一只空心锥子刺入自己的头部致死的，而非死于毒蛇之口。然而，也有不少人不同意上述观点，因为咬伤或刺伤的痕迹没有在死者尸体上发现，在卧室中也没有发现任何有毒的小蛇。他们认为服毒而死的可能性最大。美艳的克里奥帕特拉七世就像夜空中转瞬即逝的流星一样，虽然短暂，但却发出了不少光芒。关于她的死亡之谜，至今仍令后人疑惑不已。

埃及艳后之死
当女王死后，她的两个侍女也双双服毒自杀了。

"黄金国"之谜

1535年,曾经远征过印加帝国的西班牙人塞瓦斯蒂安·德·贝拉卡萨曾遇到一个印加人。那个印加人告诉他:在亚马孙雨林的深处有一个"黄金国",国王名为"多拉都",即"黄金人"。从此,印加"黄金国"的传说便流传开来,吸引了一代又一代冒险家和寻宝者。

■ 寻找"黄金国"

1536年,一支900人的西班牙探险队从哥伦比亚北岸向南美内陆进发,去寻找黄金国。在印第安齐布查族人的太阳神庙里,他们看到了一具全身覆盖着黄金饰物的酋长木乃伊。齐布查人对西班牙人说,这些黄金是用食盐向另一个印第安部落交换来的。这个部落每年都要在瓜地维塔湖湖边举行黄金人庆祝大典。庆典时,国王全身洒满金粉,戴上黄金饰品,乘坐木筏,驶向湖心。周围的族人燃起篝火,奏起乐器,国王便跃入湖中,把身上的金粉一洗而净,祭司和贵族们也同时向湖中投入贵重的金饰,献给太阳神。西班牙冒险家们听得垂涎三尺,但他们在雨林里迷失了方向,最终也没能找到黄金国。此后300多年里,先后有几百支探险队怀着疯狂的黄金梦来到南美丛林,但都无功而返。

南美印加古城——马丘比丘

印加人把孩子作为牺牲献祭给太阳神。图为一个8岁儿童的干尸,旁边摆放着他的随葬品。

金制飞禽铃铛 *人像金坠*

传说,黄金国隐藏在亚马孙雨林的深处。

■ "黄金湖"迷梦

19世纪初,德国学者波德在哥伦比亚的昆迪玛伽高原上找到了真正的瓜地维塔湖。波德是个科学家,对于湖底的黄金并无兴趣。但他找到瓜地维塔湖的消息,激起了新的寻找黄金的热潮。1912年,英国一家公司花费15万美元购置了当时最先进的设备,企图抽干瓜地维塔湖的湖水,找到传说中湖底的黄金。经过多日抽吸,湖底露出来了,但找到的黄金很少,还不够支付少半的费用。此后,黄金国的传说对人们的诱惑力逐渐消失了。但在1969年,有人在波哥达附近的一个洞穴中发现了一件纯金制成的古代遗物:一个黄金木筏上站着九个佩戴金饰的人,应该是国王和侍卫。这似乎可以说是那个黄金国庆典中木筏的模型了。它使人感到,那个黄金国的传说也许并非虚构。但是,它又在哪儿呢?

秦始皇陵被毁疑案

秦始皇陵坐落在陕西省临潼县城以东。自13岁即位起，秦始皇就开始为自己修建陵墓，统一六国后，又从各地征发了十万多人继续修建，直到他50岁死去，共修了37年。一直以来，人们对于秦始皇陵存在许多疑问：秦陵地宫内部的情况究竟怎样？大量陪葬的奇珍异宝及秦始皇本人的棺椁是否被盗掘或破坏？种种疑问一直困扰着考古界，成为中国考古史上最重要、最难破解的谜团之一。

长城

将军俑

■ 项羽掘秦陵

据《汉书》和《水经注》记载，秦始皇陵于公元前206年被项羽凿毁。北魏郦道元在其《水经注》中说，项羽攻入咸阳之后，命人掘开陵墓，盗运墓中财宝，以30万人运了30天还没有运完。以后，关东盗贼又将铜棺窃去。后又有牧羊人因寻找遗失的羊，持火把进入墓穴，不慎失火，将陵墓彻底烧毁，据说大火连续烧了90天都没灭。这种说法广为流传。但也有人认为司马迁写《史记》时距秦始皇入葬仅百余年。其中有专门篇章论述秦始皇，但对陵墓被毁一事，却只字未提，而六百年后的郦道元却做了详细记述。这不能不令人生疑。秦始皇陵真的被毁掉了吗？

■ 神秘的地宫

一些科学家经全面勘测后，发现秦始皇陵周围的陪葬坑中，项羽时代焚烧破坏的痕迹着实不少，但封土堆下的地宫却完好无损，至今尚未找到大规模盗掘的有力证据。地宫深入地下数十米，足以防患盗挖的人祸，但怎样对付天灾的破坏呢？经过先进的物探遥测，考古学家们发现原来地宫有一套大型水利工程——地下阻排水系统。这套系统绕陵将近一周，环行在高低不平的地貌上，其阻排水渠的底面高差在1米左右。这样，渠水能够按照设计意图流向一处，排出陵园。设计者还十分高明地选用青膏泥作为前段下层的封堵材料，所用青膏泥之多、夯层之厚，超出人们的想象。这套阻排水系统经历了2200多年时间的考验，迄今仍在发挥着作用。有朝一日，秦陵地宫发掘之时，人们或许能够一睹秦始皇陵的真面目。

气势磅礴的秦兵马俑

秦代的青铜兵器

秦军装备十分精良，其青铜兵器硬度超强，极为锋利。有些种类的兵器表面还采用了铬盐氧化防锈技术，德国和美国直到20世纪30年代以后才发明了类似的技术。可惜这门技艺在我国汉代以后就失传了。

青铜兵器

千年古尸不腐之谜

长沙马王堆一号汉墓出土的神秘女尸震动了世界。人们无比惊讶：这具历经2000多年的女尸不仅外形完整，而且面色鲜活，发色如真。经过解剖，其骨质组织和内脏器官完好无损。仿佛这具女尸不是千年的遗留，而是刚刚谢世而去。这千年不腐的女尸带给人们一个又一个不解之谜。

■ 墓葬女尸

1972年，中国考古工作者在湖南长沙马王堆发掘出三座西汉墓葬。墓内有四棺一椁，棺为重棺，外棺为黑漆素棺，二层棺为彩绘棺，三层棺为朱地彩绘棺，最后还有一层内棺。内棺的墓主人是西汉长沙国丞相轪侯利苍的夫人辛追。她全身裹殓18层丝麻织物制的装被，浸泡在20厘米深的红色液体中。女尸保存得相当完好，令人惊异不已。一般来说，古墓中的尸体留至今天，只有两种结果：一是腐烂，二是形成干尸。干尸是在极为特殊的气候条件下，尸体迅速脱水而形成的。马王堆的千年女尸为何是"湿尸"而不腐烂呢？

马王堆汉墓陈列馆

马王堆汉墓《驻军图》局部

■ 不腐的奥秘

经过分析、研究，人们似乎发现了这样几个原因。首先是近似真空的墓室条件。墓室筑在深达16米的地下，而尸体又殓入多达5层的厚木板涂漆棺椁之中，棺椁四周采用黏性和致密性很强的白膏泥、吸湿性很强的木炭填实。这造成了一种与外界隔绝的独特环境，近于真空或即是真空。其二，人们在棺椁中发现了一种红色的液体。这种液体无疑具有防腐作用，是入葬时特意注入的防腐剂。这种特殊的防腐剂可以杀死随着尸体和随葬品入葬所附带的细菌，在我国古代的药典中就有关于这类防腐剂的记载。其三，墓室密封之后，不但可消除外界光线、温度、湿度等对于葬具、随葬品和尸体的损害，而且在墓室里形成了恒温和相对稳定的湿度，使整个墓室处于一个固定的环境之中。此外，人们还分析了其他方面的原因，说起来也都不无道理。但到目前为止，对于棺葬中的红色液体究竟为何物，却无人能辨析出来，不知这一奇异的谜何时才能解开。

马王堆汉墓的不腐女尸

非洲石头城之谜

在非洲内陆国家——津巴布韦南部林木丛生的地区，有一座被遗弃的神秘莫测的石头古城。这座废城与周围简陋的原始泥屋极不协调，让人觉得像是个海市蜃楼的幻景。人们称它为"大津巴布韦"，这个词在当地马绍纳人的班图语中是"石屋"的意思。津巴布韦共和国即得名于此。

在没有拐角的入口处，石墙被修成曲线形。

用大约100万块花岗岩石块垒成的石头城

■ 大津巴布韦的建筑

大津巴布韦的椭圆形建筑包括一个周长约256米、高9米的大椭圆墙，其顶部已破落。花岗岩排列整齐，其间无黏结剂。6个精美的入口打破了废墟的连续性，展现出通道和整个阶梯的迂回曲折。在这个壮观的圈地内，有一颇具特色的墙体，长91米，其中有一段与一道较高的圆弧形墙平行，形成一条长长的险恶通道。后渐渐变宽，最后进入一个半封闭的地方，即所谓的圣圈。圣圈里耸立着锥形塔——这座9米高的圆锥形石造建筑底部直径达5.5米，但人们至今仍不明白它的用途是什么。

设计者用最简单的方式，把装饰艺术融入朴素而统一的墙体。

■ 古代遗迹

在这座荒凉的石头城里，考古学家找到了不少当时人们生活的遗迹，有房屋、梯田、水渠、水井、铁矿坑和炼铁工具，也有来自中国的瓷器、来自阿拉伯和波斯的玻璃器皿及金器、来自印度的佛教串珠等。可以想象，这里当年也曾商贾云集，一片繁荣。人们发现，这里古代居民的图腾可能是"津巴布韦鸟"，因为它矫健的身姿被雕刻在石头城的城墙和石柱上；身如鹰，头似鸽，脖子挺直，双翅紧紧地贴在身上。津巴布韦建国以后，它也有幸成为国家的象征，频繁出现在国旗、国徽和货币上。由一个黑人民族于中世纪建立起来的津巴布韦，是非洲撒哈拉以南地区铁器时代文明发展到全盛期的一项极高的成就。然而，人们究竟为什么要兴建这一神奇的建筑呢？大津巴布韦究竟深藏着什么奥秘，至今仍无人知晓。

津巴布韦鸟

大津巴布韦除了石墙建筑本身让人惊叹外，还有一样引人注目的东西，那就是"津巴布韦鸟"。有人认为这是南半球珍贵的候鸟"红脚茶隼"的造型。津巴布韦现存的"津巴布韦鸟"石雕共有8个。它们被视为国宝，备受珍视。不仅如此，"津巴布韦鸟"还被选为津巴布韦"国鸟"，并作为津巴布韦的象征印制在国旗和硬币上。

"津巴布韦鸟"石雕

恐怖的死亡之谷

在世界上一些人迹罕至的地方，隐伏着可怕的死亡谷。在这里，鸟类、爬行类动物或人类都无法生存。任何生命一旦误入，往往立即死亡。令人望而生畏的死亡谷究竟在哪儿？在那里隐藏着什么样的秘密呢？

神秘莫测的死亡之谷

俄罗斯的死亡山谷

因为弥漫着神奇，笼罩着恐怖的加利福尼亚死亡谷。

■ 美国死亡谷

在美国加利福尼亚州与内华达州毗连地带的山中，也有一座死亡谷。1848年，一批外来移民误入此谷，后因迷失方向而葬身谷中，连尸体都未找到。1949年，一支寻找金矿的勘探队伍因迷失方向而涉足此地，全部都遭遇不测。以后，前去探险的人员也屡屡葬身于此。科学家们虽然进行了大量的调查，可至今仍未查出导致人们死亡的真正原因。后来，科学家在调查中发现，这座地狱般的死亡谷竟然是飞禽走兽的极乐世界。据统计，这里有230多种鸟、19种蛇、17种蜥蜴及1500多头野驴。它们在这座吃人的山谷里悠然自得，逍遥自在地生活着。这真令人百思不得其解。为何这个山谷唯独对人这么凶残，而对动物却如此仁慈呢？

■ 俄罗斯的死亡谷

在俄罗斯堪察加半岛上的克罗诺茨基禁猎区，有一片长约2000米、宽100～300米的狭长地带。谁也想不到，这片风景优美的小山区竟是人和动物的地狱。误入此地的人和动物会立刻倒地死去。有的科学家认为，杀手可能是积聚在谷底凹陷坑中的使人窒息的毒气，即硫化氢和二氧化碳。但是在一般情况下，硫化氢和二氧化碳是慢慢地发挥作用的，不可能使人立时毙命。因此，这一观点被否定了。然而更令人惊奇的是，离死亡谷仅一箭之隔的地方有一个村子，村里的居民安然无恙，过着平静的生活。这到底是什么原因呢？

美国死亡谷干盐湖的地面上，许多石头自行滑动，留下了数百米长的痕迹。

未解悬疑 | 159

UFO之谜

UFO就是英文"不明飞行物"的首字母的缩写。从广义上讲，是指天空中一切不明原因或无法解释的飞行物；而狭义上讲，是指外星人的飞行器，也就是俗称的"飞碟"。这些飞碟被一种人们还不了解的智能生物使用着。偶然发生的一些不明飞行物的坠毁事件，为人们研究这些智能生物和它们的奇特飞行器提供了宝贵的资料。

傍晚，水面上出现了UFO。

巨型UFO出现在伦敦上空！整个城市笼罩在一片恐怖之中，空气也仿佛凝滞了。

■ 罗斯威尔事件

新墨西哥州的罗斯威尔是美国西部沙漠中的一个安静小镇。1947年7月6日晚上，一个巨大的碟状发光体在小镇附近的牧场上空发生强烈爆炸，整个小镇顿时沸腾起来。目击者发现有四个样貌奇怪、身份不明的人形生物躺在地上。随后，军队控制了整个地区，并运走了所有的飞碟残骸和人形生物的尸体。几小时之后，美国空军对外宣称那只不过是一个发生故障的气象探测气球。但目击者和许多当地人都说那只是在掩盖外星飞行物坠毁的事实。

■ 奥卡河谷的UFO

1981年5月17日，苏联人在莫斯科东北部的奥卡河谷里发现了一个红色的桶状物体。这个物体高5.3米，直径约3.8米。苏联科学家们闻讯赶到了现场，他们在这个飞行器里发现了两具已经被烧焦的奇怪尸体，尸体的五官和四肢已经无法辨认。随后，专家们检测了飞行器的金属构成元素。让他们惊讶的是，这个飞行物是由镁铝合金构成，其中镁元素的含量达到了53%。可是地球上所有的镁铝合金中，镁的含量都不超过5%。科学家们推测，这个不明飞行物是来自外太空的飞船，不知因何失控而坠落于此。

图为电影中外星人与人类近距离接触的景象。

图书在版编目（CIP）数据

奥秘世界百科全书／龚勋主编．—汕头：汕头大学出版社，2012.1（2021.6重印）
ISBN 978-7-5658-0567-7

Ⅰ．①奥… Ⅱ．①龚… Ⅲ．①科学知识-青年读物②科学知识-少年读物 Ⅳ．①Z228.2

中国版本图书馆CIP数据核字（2012）第008757号

奥秘世界百科全书
AOMI SHIJIE BAIKE QUANSHU

总 策 划	邢 涛	印 刷	唐山楠萍印务有限公司
主 编	龚 勋	开 本	705mm×960mm 1/16
责任编辑	胡开祥	印 张	10
责任技编	黄东生	字 数	150千字
出版发行	汕头大学出版社	版 次	2012年1月第1版
	广东省汕头市大学路243号	印 次	2021年6月第7次印刷
	汕头大学校园内	定 价	34.00元
邮政编码	515063	书 号	ISBN 978-7-5658-0567-7
电 话	0754-82904613		

● 版权所有，翻版必究　如发现印装质量问题，请与承印厂联系退换